【全版】

ルシャナルータロット

野田侑李
YURI NODA

Clover
クローバー出版

JN058237

完全版発売によせて

『ルシャナルータロット』の初版発売から約2年がたちました。初の著作が書店に並んだ時、嬉しかったのとちょっと恥ずかしかったのを懐かしく思います。

多くの人々の口コミによって売れ続け、この2年の間に増刷をしてこの度、完全版をお届けできる形となり大変嬉しく感じます。
この本を使っていただいた皆様、この本の美しく普遍的な絵柄を担当いただいた、画家のタカハシアキコさん、新版刊行にあたり多大なるご尽力をいただきました Clover 出版の皆様に、この場をお借りして厚く御礼申し上げます。

この『ルシャナルータロット』を通じて、様々な年代のお客様のお声をいただきました。

80代のご婦人からは、本を通じて「朝の日課の目標作りに使い、日々楽しく使っている」と鑑定にお越しいただいたり、またある会社の社長さんは、「この人とこの人を同じチームにしたらどうなる?」などと組織づくりを考えながら、日々、楽しんで使っていただいているとご報告いただきました。

ある女性は「占いにすべてをゆだねるわけではないですが、迷いがあったり、心が沈んだ時にページを開いてカードの意味を見ていると、心が落ち着いてくる…ちょっと元気が出るんです」とのお声をいただいたことも。反対に「ちょっと当たりすぎて怖くて依存的になりそう…笑」という声や、美容院でたまたまこの本を目にしたお客様が、ドンピシャリなメッセージをもらい感動し、お友達にもこの本を薦めたというエピソードもありました。

この『ルシャナルータロット』はプレゼントに使われる方も大変多かったのです。プレゼントからまたプレゼントという循環も起きていたようです。そんな噂を聞き、本当に嬉しく、感激しっぱなしでした。

また、学生さんからお声をいただくことも多く、中学生の方から「学校でみんなで占いしあって遊んでいるんです」とメッセージをもらったり、読者さんが楽しまれている様子をたくさん聞きました。

奇しくも発売からすぐに、世界が新型コロナウィルスのパンデミックに襲われ、自分と向き合う日々や制限のかかる日々が訪れました。様々に価値観が変わったのです。そんな中、人生に救いの光（ルシャナ）をこの本を通じてお届けできたなら、大変嬉しく感じます。

私自身はこの『ルシャナルータロット』を通じて、今まで出会うことのなかった方々とのご縁や、自分自身がタロットを扱う意味をおおいに考えさせられ、今後の人生の指針を作ることができました。そして夢を叶えることができました。

この完全版は約２年使ってみたからこそわかる使い方のコツと、本書を使ってさらに楽しんでいただけるように、あらためて見直しをさせていただきました。

『ルシャナルータロット』が、普遍性のあるタロット占いの懐の深さと、飽きることのない美しい絵柄と共に、いつまでも皆様に占いを楽しんでいただける一冊となり、そして「自分で占い自分を救う」──そんな体験をお届けできますように！

野田侑李

【本書の使い方】

本書は「タロット占い」と「書物占い」の特長を効果的に兼ね合わせて作られています。より適切に理解するために、下記手法を参考に本書を活用下さい。また、あくまでも占いであるため、絶対はありません。読み解きを参考にして、そこから考えて行動をするのは自己責任であることをしっかり認識しましょう。そのうえでタロットカードの絵柄を眺めてください。絵はあなたに語り掛けてくるはずです。

①まずは本書を手に持ち、左右どちらの手でもいいので握り拳をつくり、本の表紙を軽く２回コンコンと叩きます。(この動作をすることでこの本のタロットがあなた専用になります)

②そのあと両手に本を手にとり、呼吸を整えます。深呼吸しましょう。

③質問や占いたい事柄を具体的に心や声に出します。

④そして、目についたページを開き、メッセージを受けとります。３秒ほど絵柄を見てください。

⑤全体を読んだ後に目についた言葉を一番優先して、わかりやすいように組み立てて再度メッセージを読んで下さい。

占いが意図的になるのを防ぐため、そのとき偶然目についた数字のページを開いたり、人物に関連する数字から開くページを導きだしても良いでしょう。誕生日などから占ってもいいですね！

⑥マイナスな意味合いを持つカード（死神（終焉）タナトスの正位置・悪魔（欲）・塔・つるされた男・月・その他のカードの逆位置）が出た場合はアドバイスの項目をしっかり読んでください。

もう1回「元気になるには？」「対策は？」と質問をしてページを開きます。

マイナスなカードは学びを得て対策が取れます！ ぜひ怖がらず、落ち込まないで活用してください。

⑦この本では「人間関係や恋愛」にとどまらず、「事柄」に対しても占う事ができます。

「現在」の状況、「過去」の状況、「未来」の状況などを象徴する言葉を用いながら、占いたい質問文を作成し、ページを開きます。

「今後のお仕事はどうなりますか？」「過去の経験からの私の学びは何？」など、質問を工夫してみてくださいね！

⑧開いたページのメッセージがいまいちピンとこない時やわかりにくい時は、カードの絵柄を見るだけでも構いません。その時は小説家になった気分で、ぜひ物語をイメージしながら、楽しい時間をすごしてください！
例えば、死神（終焉）タナトスのカードの正位置を見ながら…

「私はあの時に気持ちを終わらせる選択をした、その時自分の手のひらから美しいアネモネの花が生まれ落ちてきた……」なんて素敵です!!

ピンときたページをひらくだけ！

【効果的な質問例】

「○○さんとの関係が、どのようにしたらうまくいくのかアドバイスを下さい」

「○○さんがわたしのことをどのように考えているのか知りたいのです。メッセージを下さい」

「○○さんはどんな人間でしょうか？　教えて下さい」

「○○さんとの今後はどうなりますか？　アドバイスを下さい」

<u>自由に、ただし具体的に質問を作り、使って下さい。</u>

①占いたい事柄がおわったら、最後に自分へのアドバイスを下さいと本書に聞き、本をひらきます。そしてアドバイスのメッセージを読んで本を閉じ、終了します。

②タロットカードの絵柄を眺めたり、写真に撮影したりして、お守りにすることもいい使い方です！

※同じ質問は１日に３回までとします。毎日、同じ質問をするのであれば開運、日々の気付きのメッセージを下さいという種類であれば効果的です。占った事柄に対して現状が変化しなければ、再度占う頻度として最低３日間は空けてください。自分が望む答えがでない時もあります。そういう時はとても学びが深い場合があるため、慌てずに占いを受け止め、そして「その状況はどうすれば改善できるのか」を再度占い、役立ててみようかな──のように、意識を穏やかに保つようにしてみてください。

【ルシャナルータロットで叶えるおまじない】

おまじないの心構え··

おまじないに依存的になりすぎないようにしてください。心の支えに使うのはいいですよ!（このおまじないをしているから、うまくいくと信じて行動しよう! という形です）おまじないを効果的に使うにはおまじない任せではなく、しっかりと現実的に行動することです。その行動をする時に元気をもらい、気分のいい状態を維持できるよう、心を支えてもらうイメージで使ってみましょう!

- おまじないは深堀りして願いを明確にして行います!
- 脳はリスク回避の天才。ネガティブになる時はいい変化の兆候。信じたもん勝ち!!です。楽しんでワクワクする気持ちを大切にしてくださいね!
- 叶え方は現在完了形で!「○○が叶いました!」「○○出来ました!」「○○になって幸せです!」というような言い方をしていきましょう!

片思い成就···

使う道具
- リボン or 紐2本
ブルー以外ならOK。気分があがるお好きな物でどうぞ!

リボンを2本用意します。
死神の逆位置のところにリボンを挟みます。もうひとつのリボンを太陽の正位置に挟みます。深呼吸をして、太陽の方に挟んだリボンを持

ちながら、「私のこの想いを達成して、相手と共に幸せであることを意図します」と心や声に出して言います。

太陽のページのアドバイスを読みます。不安になる時はこのページを開きます。
死神のページに挟んだリボンはすぐ破棄します。太陽のページのリボンは挟んだままにします。3～7日間ほど、このおまじないをかけ続け、その後リボンは破棄します。

復縁、復活愛

使う道具
・白い紙　・赤いペン（消えないペンであること）

白い紙に赤いペンで2名の氏名を書きます。書いた日付を書きます。右側に自分、左側に復縁したい相手のお名前を書きます。

恋人の正位置のページに紙を挟みます。本をコンコンと叩き、「私を選ぶ事は最良の選択となり●●と○○は復縁して幸せです」と心に唱えます。

審判（正位置）のアドバイスに目を通し、参考に日々を過ごします。なぜ復縁したいのか、相手にとって私は何か？　自己対話をしてみましょう。過去の素晴らしい2人の思い出をイメージし、未来を作るイメージをします。その時気が付いたことをメモします。
そのメモと名前を書いた紙を審判のページに挟み、3日後に廃棄します。

縁切り・厄除け・不運を寄せ付けない……………………………………

使う道具
・**リボン or 紐**（ブルー以外なら OK。気分があがる物で！）
・**ハサミ** ・**白い紙** ・**黒いペン**（消えないペンであること）

デビル（正位置）と塔（正位置）にリボンを挟みます（つなぐ形です）。
白い紙に黒いペンで縁を切りたい人、不運な事柄、厄除け成就を明記
します。

塔のところに紙を挟みます。
縁切りの場合「私の人生において、○○さんという人と○○という状
況が不要になりました。私は新しい世界に行きます」と３回言います。
なりたい状況をイメージします。

厄除け・不運除けの場合「私にとってトラブルが来ないよう、私は守
られます」（この時具体的であればあるほどいいので、その状況を言い、
未来をイメージします）と３回言います。

コンコンと本を２回叩きます。深呼吸をした後、そのリボンをハサ
ミで切ります。リボンと紙は捨ててください。

出会い……………………………………………………………………………

使う道具
・**リボン or 紐** ・**白い紙** ・**ペン**（消えないペンであること）

リボンを魔術師の正位置にはさみます。リボンを左手で持ちます。

運命の輪のページにも挟みます。
「私は○○という人と出会い、自分の人生と相手の人生も幸せになりました。この出会いを意図します」と心の中で祈念します。
その時の出会い方や、なにかイメージが降りてきたらメモしておいてください。

そして自分が●年●月●日までに出会うと日付を宣言します。
リボンは破棄します。メモは３日間保存して破棄します。

人間関係改善··

使う道具
・**リボン or 紐**（ブルー以外なら OK。気分があがる物で！）
・**白い紙**　・**ペン**（消えないペンであること）

白い紙に人形を書き、人形の真ん中に自分の名前を書きます。それを運命の輪のページに挟みます。
「私は自分にとって幸せで、楽しい人間関係を作ることができ、そして私はその関係を喜び受け入れます」と唱えます。

本を２回叩きます。目につくページを開きましょう。
アドバイスが人間関係の改善のヒントとなります。読んでください。

その開いたページにリボンと紙を３日間挟んでおきます。
３日間挟んだ後はリボンと紙を破棄します。

書物占いは、立派な占術のひとつ

壮大な目に見えない何かが働き、導かれるように開いたページに書かれている文面が、あなたの人生に役立つようになっているのがこの本です。

書物占いの歴史は古く、聖典や詩集のページを無作為に開き、単語や節を選ぶというもので、世界的に広く行われています。

本だと特定のページを開きやすいという場合は（真ん中ばかり開いてしまう等……）どのページを開くかサイコロなどで選ぶ使い方もできます。その日気になった数字のページを開いたり、様々な偶然を楽しむことができます。

本書は書物占いの要素にマトリカ式スムルタロット占いの要素を盛り込みました。具体的かつ効果的に占いができるのが本書の特長でもあります。
タロット占いとは総数78枚からなる寓意画が描かれたカードを用いておこなう占いです。

78枚の中には大きな2つのグループがあり、22枚の枠と56枚の枠があります。私のオリジナル手法であるマトリカ式スムルタロット占術では22枚の枠のみを使用していますので、本書は22枚を使っています（22枚を大アルカナ、56枚を小アルカナといいます）。マトリカという言葉はインドの古語サンスクリット語で「言霊」、スムルは同じくサンスクリット語で「伝わる」という意味があり、「当たり」「伝わる」タロット占いを作り上げてあります。

日々、「あ！ 少し聞きたい」「ちょっと元気が欲しい」、そんな
ときに簡単で早く、そして手軽に占いができないか模索してき
ました。そんなとき書物占いが閃き、本書が生まれたのです。
この本は３分ほどあれば占いが完了します。そしてそのメッセ
ージは、あなたの人生の一筋の光になることでしょう。

占いは３つに分けられる

占いは、大きく分けるとたった３種類しかありません。
３種類の中に様々な手法が振り分けられています（一部、霊視
や夢占いなどは除外します）。この３種類を知ると占いを効果
的に使うことができます。

命占（めいせん）
生年月日を使い、一生の時期、運気を見るもの。統計学的で的中率は約８
割。代表的な占いは四柱推命、ホロスコープ、気学など。

卜占（ぼくせん）
偶然性の一致を使い、具体的な質問に対して答えを出します。代表的な
占いはカード占い、易など。

相占（そうせん）
目に見えている現象を使って吉凶を出し、改善を促すもの。ここにも統
計学的要素が一部入ります。代表的な占いは手相、顔相、風水などです。

タロットはこの３つの占いの種類の中から「卜占（ぼくせん）」
と言って偶然性の一致を使い、具体的な質問に対して答えを出
していきます。

本書だけで、本格的なタロット占いが可能

タロット占いは難しい、暗記が大変、と思われていますが、本書を使うだけで、しっかりとしたタロット占いが成立するようになっています。自分の感性と直感をぜひ信頼してページを開いてみてくださいね。

直感力を育成するためにもタロットカードは有効です。「私には直感力がない」と諦めないでください。直感力は皆様それぞれがお持ちのものです。

タロットカードを先入観を持たずに眺めてみてください。それを受け取ったメッセージ、日付と共にノートなどに書き留めてみてください。そうして時間が経過した後、あらためてタロットを開き、ノートを振り返ってみてください。あの時こんな風に感じていたけど、今はこんな風に感じるな……と、その時の自分のありのままの感性を受け止めていくと、直感力はみるみる上がっていきます。

恋愛・人間関係にとくに効果的！

本書は「人間関係」に効果があるように、特別なタロット解釈を施してあります。ご自身の悩み事や困り事の解決への後押しをしてくれるかもしれません。

恋愛に関すること、恋人について、片思いのあの人のこと、ご家族、友人、会社の人間関係、部下、従業員など……。さまざまな人との関係に悩み、苦しんでいる方の助け舟として、本書

が皆様の人生に希望を照らし、お役に立てたら大変嬉しいです。

人生に占いという戦略を

そして、この本をご自身の大切な方にもぜひ使ってみてください。お相手の方のご相談にも活用してみてください。そこにきっと素敵な時間が生まれることでしょう。自由に楽しんでお使いいただけたら嬉しいです。

自分だけでなく、あなたを囲み、温かく支える皆様の人生に占いという戦略を。そして、人生が穏やかに豊かさで溢れていくことを祈念しております。

Kinds of the tarots

0. The Fool 愚者

正位置
自由を愛し誰に何を言われようと
も自分の楽しみや喜びを信頼して
進む

逆位置
考えが甘く享楽的になってしま
う。無責任からのしっぺ返しに苦
しむ様

1. The Magician 魔術師

正位置
内から湧き出る創造欲求と人との
交流で得られる自己評価。皆、偉
大な魔法使い

逆位置
上辺だけの言葉は一時の快楽。一
つ一つ物事を吟味することを大切
に

2. The High Priestess 女教皇

正位置
静寂と叡智への憧れ。感性を信じ
てください。すべて事柄に表と裏
がある

逆位置
刺々しい態度は得るものは何もな
い。厳しさの先に何を求めている
か答えを出す

3.The Empress 女帝

正位置
豊穣を受け取り人生は華やかにな
る。心に暖かな風が吹く

逆位置
気まぐれは相手から真心を奪う行
為の一つ。人を意のままに操るこ
とは愚の骨頂

4.The Emperor 皇帝

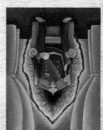

正位置
意欲的に立ち向かう情熱を宿す心
は尊い。社会はあなたを受け入れ
る

逆位置
強すぎる心は時として諸刃の剣。
独裁的な心を落ち着かせて

5.The Hierophant 法王

正位置
寛容な気持ちで。道徳心は相手を
いつくしむ尊い心。慈愛を持ち静
かに待つ

逆位置
浅はかな悪知恵が働く。丁寧な行
動で信用を作る時

6.Lovers 恋人

正位置
ひらめきを大切に。全ては自己選
択。楽しみも悲しみも選ぶ勇気を
持って

逆位置
不誠実は自分を苦しめる。失敗を
恐れて殻にこもることは停滞を招
くだけ

7.The Chariot 戦車

正位置
気持ちを整えて自分を救う行動を
して、自分自身を味方にして進む

逆位置
思い込みが激しくなりすぎて周り
が見えなくなる時は物事の勝負に
負けてしまう時

8.Strength 力

正位置
愛はあなたの中にある無限の泉。
愛を持って獰猛な獣（自分）を手
なずけて

逆位置
無理だと決めつけないで焦らず力
を溜めていくこと。感情をコント
ロールして

9.The Hermit 隠者

正位置
探求は人を育みあなたを導き人生
に彩りを添える。精神性の向上

逆位置
孤立無援。完璧を目指しすぎて理
解されません。人との関わりを大
切にすること

10.wheel of fortune 運命の輪

正位置
目に見えない人生の流れを喜び受
け入れて変化を怖がらないこと

逆位置
流れに投げやりにならないで。他
力ではなく自力を育てて

11. Justice 正義

正位置
真実を見抜く目を持ち礼節を大切
にしていく。物事の真理に目を向
けて

逆位置
偏見にとらわれすぎず視野を広く
持つことで自分の器が育つ

12. The Hanged Man つるされた男

正位置
報われないのは自己責任。苦労の
先には一筋の光

逆位置
何度も挑戦しても結果が好転しな
いなら諦める潔さを持って

13. Thanatos 死神（終焉）タナトス

正位置
慣れ親しんだ物事を手放して。終
わりは始まり、全てはつながって
ゆく

逆位置
本当の価値を手に入れるために
様々な経験から学ぶ。立ち直るチ
ャンスが来ている時

14. Temperance 節制

正位置
安心と安定は既にある。自分の中
にあるそれは誰も覆すことはでき
ない

逆位置
環境は変化する。焦りは何も生ま
ない。心の疲れを取ることに意識
を向けて

15.Desire 悪魔（欲）

正位置
もっと欲しい、もっと足りないに
つながる。他人からの指摘は受け
入れて。理性を大切に

逆位置
品性は今から意識して訓練をして
手に入れて。悪縁はしっかり切る
と自分の世界が変わる

16.The Tower 塔

正位置
足元を見ていても上を見ていても
想定外は起こるもの。自分の器の
見直しを

逆位置
今のトラブルは後々の幸運への足
がかりに。今は苦しくても忍耐が
よし

17.The Star 星

正位置
現実を変える対策は必ずある。希
望は望むことから生まれる。情報
を集めて

逆位置
思考の中では解決しても現実は変
化しません。不信感を感じたなら
手放して

18.The Moon 月

正位置
迷う心と決める心二つで一つとい
う意識をもって。偽りに気が付い
たなら対策を

逆位置
決められないと声に出すのは逃げ
続ける人生に。前を向いて行動す
ることが好転の鍵

19.The Sun 太陽

正位置
輝きを放つためには自分の力を信
じて。素直さは成功者の条件

逆位置
他力本願ではいつまでも現実は動
かない。向上心を持って

20.Judgement 審判

正位置
本質を見抜き自分の人生をお祝い
しましょう。その決断は明るい未
来を切り開く

逆位置
迷うもの決めた事柄を正面から素
直に受け止めて判断して

21.The World 世界

正位置
世界はいつでも作り出すことがで
きる。それは他者から引き立てて
もらうこと

逆位置
周りを信頼して他人の価値観を理
解して。沈黙は不協和音へいざな
う

ルシャナルータロットとは、
「貴方の人生に救いの光（ルシャナ）の道（ルー）を
指し示すタロットとして生まれました。
これからの時代に光を照らしつづけるタロットです」

【審判】 正位置

望んだ結果になりそうです。今の関係性は困難があったとしてもきっと一つにまとまっていくでしょう。

今まで失敗があったならば再出発をし、改善する良いタイミングです。自らを改め正しい道を歩もうと決意した時、きっと道が開けて行きます。

信念を持ち「自分はこういった関係を築きたいんだ」と自覚したとき、良い未来が来るでしょう。

相手の本質を知り、自分の本質も理解するいい時なのです。

【原因と心理状態・感情】

努力してきたことが報われる。手の届かない人との接点ができた状況。関係性の結論が出る・出せる。困難を一緒に乗り越えてきた過去がある。決断して行動しようとしている状況。
絆を実感する出来事があった。むかし縁があった人の再会。

【性質・性格】

強い意志を感じる人 / 感情表現は少ないが誠実な人 / 答えを求めている人 / 決断は早い傾向がある / 自分の価値観がしっかりとある人 / 運がいい人 / 相手の幸せを考えられる人

【アドバイス】

その関係性は周りから祝福されます。
過去から今に至るまでの行程を見直すと良いでしょう。
もし今から進むことに不安になるならば、自分はこういった状態の未来が欲しかったんだと声に出して下さい。
あなたがすべきことは、自分の中にある答えを信じて決断を下すことです。答えを出すことを恐れずに自信を持ちましょう。
今までいろんなことを考えて行動してきた結果が今目の前に現れています。
自分の考えが現実化することを恐れずに受け入れていく気持ちを持ち、穏やかな心を育みましょう。

15.Desire 悪魔(欲)

【悪魔】逆位置

自分と相手との距離感がわからず気持ちが揺れる時です。本当に自分のこころの声を聞くことは難しい時かもしれません。

自分達は悪くない、そういった考えが頭にあると事態はさらに悪化します。
自分にも悪いところもあったかもしれない、という相手の立場になった考え方を持つことで事態は非常にスピードを上げて解決していきます。面倒だ、もういいと投げやりにならないで下さい。

【原因と心理状態・感情】

嫉妬と独占したくて仕方ない状況。肉体関係への依存。
相手の言いなりになっている状況。執着がなかなか手放せない。
イライラしてしまい八つ当たりしている。享楽的に遊びたい。腐れ縁。

【性質・性格】

気移りしやすい人 / 言動がころころ変わる人 / 怠け癖があり、やる気がない人 / 他力本願で努力は無駄だと考える傾向がある

【アドバイス】

自分都合ばかりの考え方では回ってはいかないのです。「あの人にはあって、私にはない」というところから解き放たれるようにしましょう。
嫉妬心や独占欲はみんなが持っています。その部分で苦しまないようにするためには、「客観性をもってみよう」と、まずはこころに言ってみてください。
周りを無視した行動、それは暴力に近いものなのです。それは巡り巡って自分を傷つけていくことになります。
本当にあなたに必要な人でしょうか？　深呼吸をして立ち止まって考えて下さい。

9. The Hermit 隠者

【隠者】逆位置

一人で孤独を感じてどうしようもない時かもしれません。こころが分かちあえず、さみしい気持ちが押し寄せてきます。

自分が他人と関係性を求めている、その願望は尊いものです。少しずつ自分から心を開く練習をしていきましょう。

そのためには自分の足元を照らしていくように、一つ一つ自分のことを他の人に伝えていく練習をしていきましょう。長い期間の関係に疲れていないでしょうか？

【原因と心理状態・感情】

相手の立場を考えられない状況。
不平不満が多く愚痴をいつも言っている。
こころが通い合わずさみしい気持ち。
意地悪になってしまう、または意地悪をされてしまっている状況。

【性質・性格】

頑固で偏屈な人 / 意地悪なところがある人 / ひがみがつよく嫉妬をいつもしてしまう人 / 独りよがりで人の意見は聞かない / 偏見を持ちすぎる人 / 自分より教養がない人を見下す / 権力に弱い人

【アドバイス】

自分自身をより外に表現することは、他人を理解していくことにつながりますので、より豊かな人間関係の構築に役に立つはずです。知識と知恵は、人間関係を円滑にするための潤滑油のような役割をしていきますが、使い方によってそれは人に対してとても不快感を与えてしまうということを知りましょう。
自分の知識のバランスをとるためには、少しずつアウトプットしながら、人に確認し意見をもらうことから怯えないことなのです。人の意見を受け入れることで未来が開けていくようです。

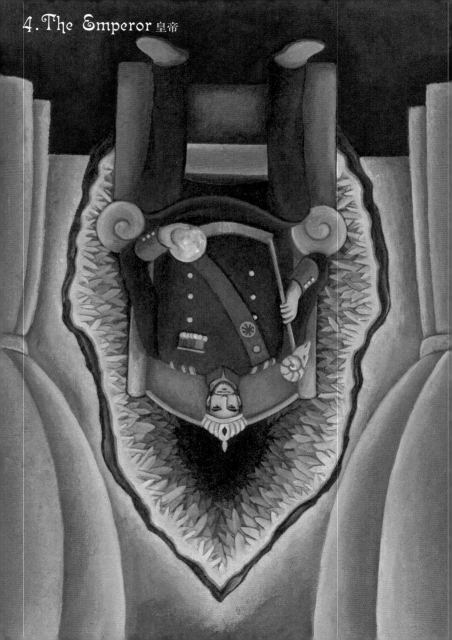

【皇帝】逆位置

自分自身の決断を信じ、自分の未来はあると声に出した時、人生が開いていきます。

もし、ひどく傷つけられていることがあるならば、直ちにその現場から逃げていきましょう。そうすることで相手を傷つけるのではないかと不安になるのではなく、まず自分自身を守ることを大切にして関係性を見直すことです。

そうすればきっと未来は明るくなっていくはずです。

【原因と心理状態・感情】

自分の感情がコロコロと変わっていき、不安定な精神状態。
精神的な弱さや、未熟さが表面化している時。
認められたくて仕方ない心理状態。
自分自身に自信がない状況。
否定され怒りに満ちている状況。

【性質・性格】

高圧的な言動が多い / 亭主関白なところがある / 乱暴なところがあり、強引な性格 / 融通が利かない人 / 頑固で、人の意見を拒否してくる

【アドバイス】

相手にコントロールされているのであれば、その関係性は今すぐ改善をする必要性があります。もし、相手との距離感がつかめなくて苦しんでいるのであれば、逃げるということも大切なことです。周りの人を頼っていきましょう。
自己中心的にならず、暴力的にならないように、気をつけたいところです。中立的な立場を維持すると心に決め、ルールをしっかりと定めて決めていくことで、安心と安定が手に入れられるようです。
自分自身に自信がないという言葉が口癖になっていませんか？ 自信とは他者との比較ではなく自分の決断を信じることでもあるのです。

12. The Hanged Man つるされた男

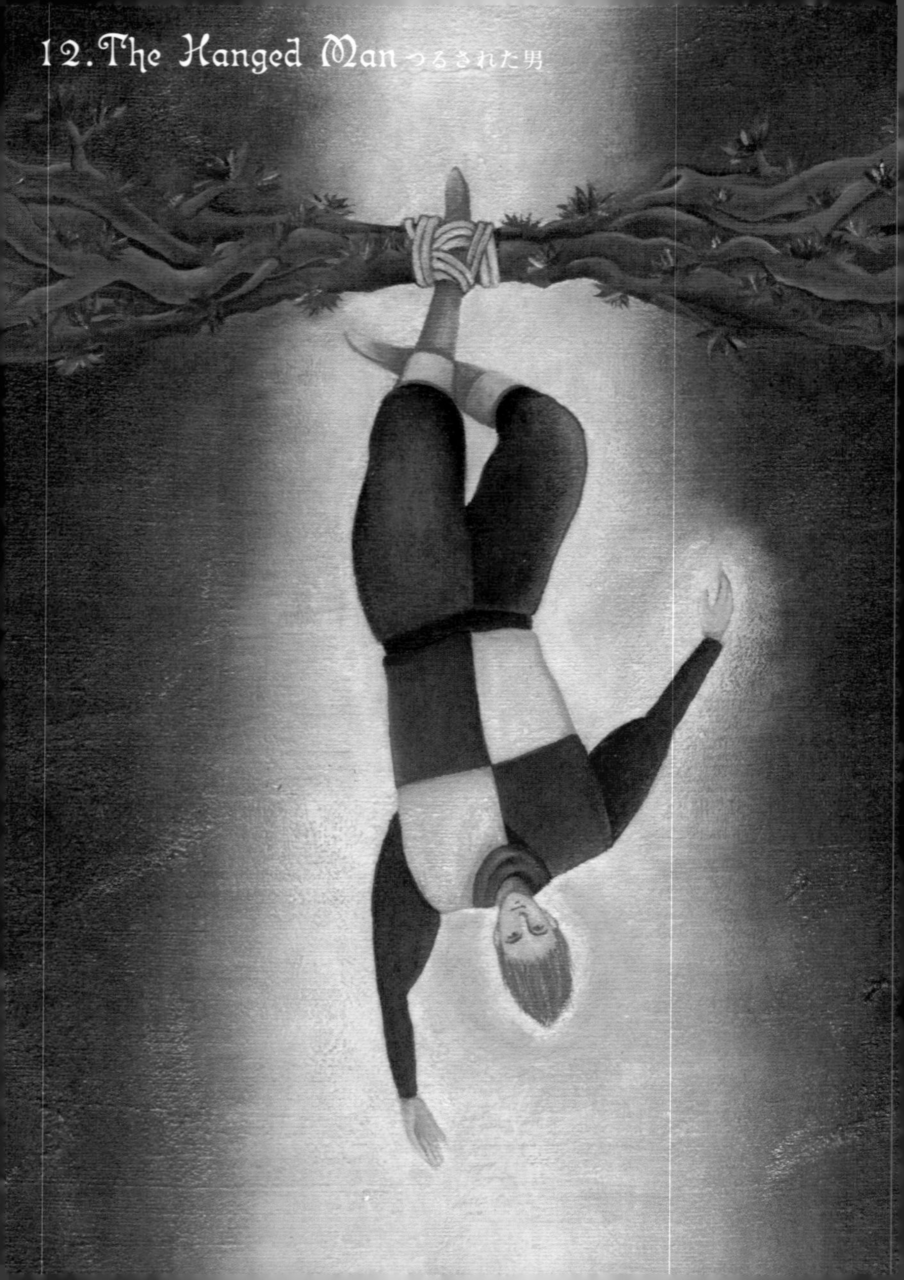

【つるされた男】 正位置

今まで放置をしていたり、自己犠牲をたくさんしてきたならば、その結果が実っていくようです。

今まで苦しいと感じながらも同じ環境から抜け出せないと嘆いていたならば、環境を変えるいい時なのです。

ひらめきを大切にしてください。

自ら望んだ試練かもしれませんが、あなたの出した答えは悪いものにはなりません。

待つということも大切な行動の一つなのです。

【原因と心理状態・感情】

行き詰まりを感じている。マンネリ化して刺激が欲しい状態。
身動きが取れない苦しい状況。不安定な精神状態。
相手に尽くしている状態。障害は多く助けが必要な状況。

【性質・性格】

我慢強い人 / あまり口数が多くない / 反抗しない、なすがままの人 / 意見を言おうとすると言葉につまるところがある人 / 悩みが尽きない人 / 努力家で苦労人 / 答えがでるまでじっと腰を据えて考え抜く傾向がある

【アドバイス】

今まで相手に対して尽くしてきたことや、行動してきたことを無意味に感じている時かもしれません。

ですが、相手に伝わらないと嘆くのではなく、どうしたら相手に伝わったのだろうかと考え方を変えるいい時なのかもしれません。その時には、ものすごくいい作戦が思いつく可能性が高いです。

ですが、それが忍耐という形になり苦しくなるのであればその忍耐は終了させて下さい。

関係性をゼロに戻しても、まだたくさんの関係をあなたは一から作り上げることができます。

耐え忍ぶ冬は長い間ではないです。必ず好転していきます。

14. Temperance 節制

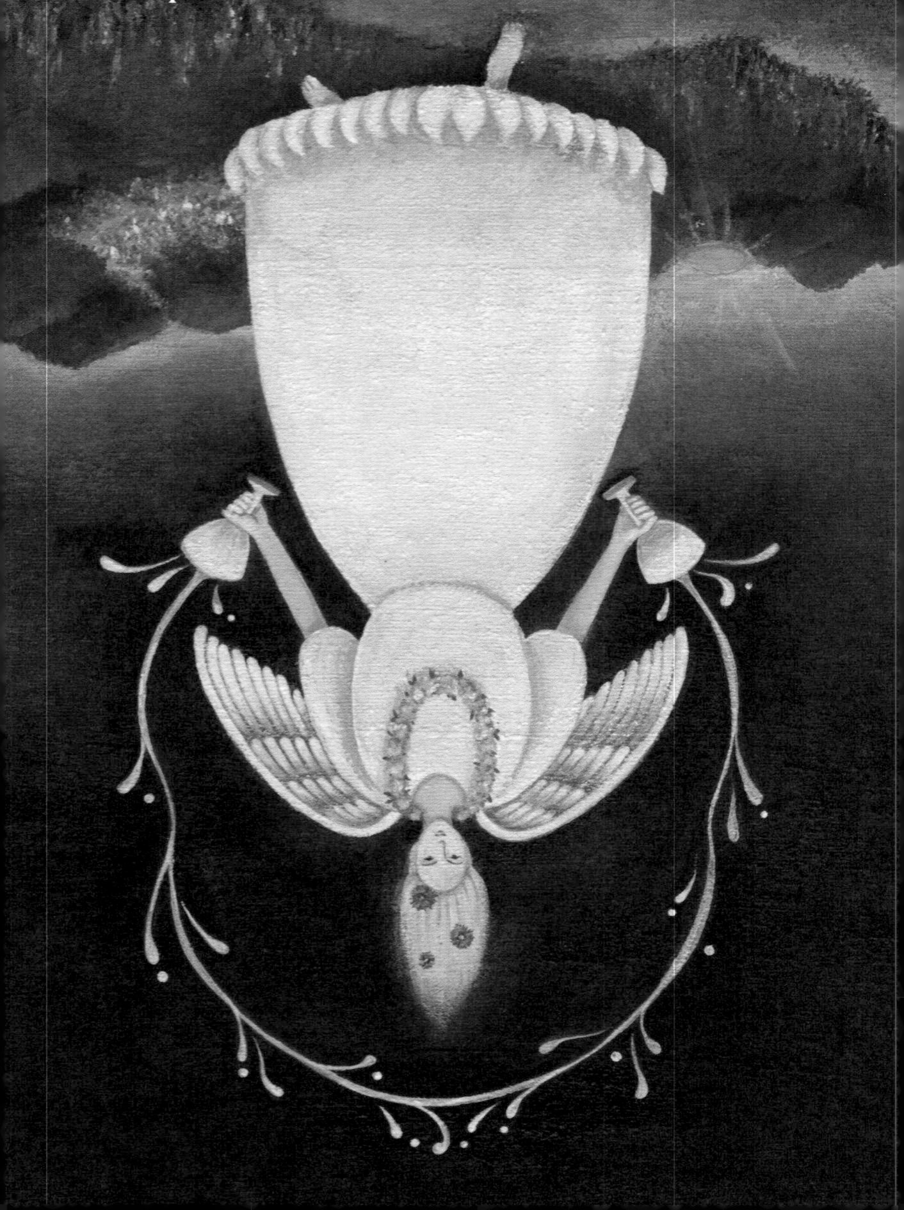

【節制】逆位置

今のあなたは、注意が散漫になっている時かもしれません。
自己評価を低く見積もりすぎてはいないでしょうか？

あなた自身は安定を常に望んでいます。
喧嘩をしたくない時かもしれませんが、自己表現ということから逃げなければ、平和な日々が訪れるはずです。自暴自棄にならないように気をつけましょう。

他人の影響を受けすぎないように意識することが必要のようです。

【原因と心理状態・感情】

つまらない人生だと嘆いている状況。
無感動でマンネリしている。生活リズムが狂う。
振り回されて疲れている状況。金銭関係、人間関係のトラブル。

【性質・性格】

想定外を嫌う傾向 / 自分の器以上のことを欲しがる / 責任は取らない人 / 計画がうまくいかないとイライラする人 / 表現することが苦手な傾向 / 良心をあまり感じることができない人 / お金にルーズなところがある人 / 家族間に問題がある傾向

【アドバイス】

自分にとってマイナスな環境は改善まで時間がかかるようです。
それまでは自分の今の状況は一番最低だと考えるかもしれません。
実際に最悪な状況だとしても、そこから現実的にはまだ良いところというものも見つかります。
常に何かが「足りない」と、とらえるのは終了しましょう。
自己中心的な考えは状況をマイナスな方向に展開させます。
人間関係に疲れた時は休息するというのも大切なことです。
時間をかけ休息し、そこから関係性を改善していく行動をしていきましょう。

【魔術師】 正位置

社交的になるいい時です。
自分自身が器用貧乏になる必要はありません。
人を観察する力を身に付けるいい時です。

人はいろんな面を持っています。あなたに見せている一面だけにとらわれるのではなくて、多角的に見るように心がけてみましょう。
どんな人と交流し、関係性を作りたいか明確にしていきましょう。あなたは人を引き寄せる力を持っています。

【原因と心理状態・感情】

物事が動き出している状態です。人との交流が活発な状況です。
新しい恋愛の芽生えがあるようです。
感性があう方との出会いがある、またはあった。
すべての出来事を自分でコントロールしたい状態です。

【性質・性格】

社交的な前向きな人 / 基本的にはやさしい人 / 好奇心旺盛でロマンチスト / いろいろなことを知りたがる / 器用に尽くす、要領が良く頭がいい / 人気があり目立つ人

【アドバイス】

様々な物事を吸収することは大切な時のようです。
八方塞がりのような気分になり、私のことを理解してくれる人はいないかもしれないと、怖がらなくても大丈夫です。
自分がもっと気にかけてもらうために「こうしてほしい」という意見を言うことを怖がらないで下さい。
自分はまだ何も達成できてない、足りない、足りない、と思うことを少しやめてみましょう。
あなたはとても器用で周りに対しても人一倍気を遣ってきたかもしれません。その気遣いはみんなが分かっています。

17.The Star 星

【星】正位置

この関係性を前向きに構築していきましょう。
あなたにとってこの関係性は学びであり、そして頼れることになるようです。

人と会う時間を大切にしてください。会話を楽しんでください。
理想的な現状があるならば、確信をもって行動してくださいね。

前向きな情報収集をしましょう。
知識と知恵が湯水のように湧いてくる時なのです。

【原因と心理状態・感情】
物事が順調に動き出す状況。結婚など将来を考えていける状況。
直感が働き幸運を引き寄せている。自信を持って行動しようとしている。
自分の理想の相手に出会った状況。一目ぼれしている。

【性質・性格】
元気がある人 / 人に対して優しい人 / ポジティブな発想の持ち主。
落ち着きがあり周りから頼りにされている人 / 現実的な考えがあり、地に足をつけている傾向がある / 知的な印象がある人

【アドバイス】
自分自身で自分の知恵を育成し、しっかりと現実的に使うことを意識しましょう。あなたは考える力をしっかりと持っています。
自分が分からないという言葉で、自分の考えを止めてしまってはいませんか。
あなたはこうしてちゃんと生きてくることができました。その過去を大切にして、今から前を向き、希望を見出すことが必ずできます。
自分が大切だと感じる人と幸せになるイメージを持ってください。
現実的な事柄を優先して解決すると、よりよい未来になるでしょう。

【運命の輪】逆位置

急激な変化や避けられない状況になるかもしれません。何かトラブルに巻き込まれてしまわないように気をつけましょう。

今は好ましくない状態だとしても少しずつ、変わっていきます。その人との関係性でタイミングが合わないと悲しい時かもしれません。

ちゃんとチャンスは巡ってきます。
そのための準備をしておくことが大切です。
悲観的にならず、焦らないことです。

【原因と心理状態・感情】

不安が的中して、ふさぎこんでいる。
チャンスをのがした過去。
非常識な態度、投げやりな態度を取られている。
気持ちがすれ違っている状況。

【性質・性格】

空気が読めない発言をする人 / 敵を作りやすい、誤解をされやすい人 / 投げやりでミスが多い人 / ずるい人 / 快楽主義者 / 極度なネガティブ思考の持ち主

【アドバイス】

あわてないことが大切です。
心を改めた態度が求められます。
一時的な不運があっても、禍を転じて福と為すところがあるため、あきらめないことです。
ただ傍観するだけでは状況は変わりませんので、どういう作戦を立てていい状況にしていくかという行動が、非常に大切になります。時系列で考えて進めて下さい。

16.The Tower 塔

【塔】逆位置

発想を変えて物事をとらえましょう。自分自身がいけないというふうに自分自身を責めないでください。

事態はご自身が思う以上に予想外なことで変わっていく可能性があります。
何が起こっても平常心を保とうと深呼吸をして日々過ごしていくことが大切です。

流れに逆らわないことも大切です。あっけにとられていると、取り残されてしまい、寂しい思いをしそうです。

【原因と心理状態・感情】

悪いほうばかりに考えてしまう。
誤解から相手との距離ができてしまう状況。
窮地に追い込まれている状況。
自信がなくなり、精神が不安定な状況。
暴力を振るわれた・または振るわれている。
寂しすぎて生きている心地がしない。
事態が悪化しているのに気が付くのが遅すぎた過去。

【性質・性格】

誤解をまねきやすい人 / トラブルメーカー / あきらめている人 / 短気な人 / 支配的な考え方の人

【アドバイス】

思い上がって失敗して、大混乱しないように対策をしていきましょう。
関係性は見直しを。距離を作り逃げることも大事です。
心身の休養が必要かもしれません。
謙虚な姿勢で問題を先送りせず取り組むこと、楽観視しないことが大切。
発想の転換期！です。
助けを躊躇せず呼んで下さい。
短絡的な判断にならないように考えてスピーディに動きましょう。

7.The Chariot 戦車

【戦車】正位置

自分にとって好都合な条件がやってきます。

理想的な出会いがあるでしょう。

自分自身に負けないで、目の前の事柄に立ち向かい行動すればいい未来が待っています。

人間関係において、自分の味方が周りに寄ってくるでしょう。ライバルという存在はあなたの元から去って行くようです。

チャンスを手にする時です。

行動力がいい結果を生み出します。

【原因と心理状態・感情】

気おくれしない過去。

気持ちがあふれんばかりで、全身全霊で行動している。

情熱的な感情がある。

急いで答えを求めている状況。

障害を乗り超えたい強い願望がある。

【性質・性格】

まっすぐな性格 / 負けん気が強く勝気な性質 / 思い込みが激しすぎるところがある人 / 猪突猛進なタイプ / 周りが見えなくなる性格 / 強い精神力がある人 / 情熱的で体力がある人

【アドバイス】

自分自身の行動ややる気は、人になかなか伝わらない時もありますが、自分自身を信じてしっかりと行動をとっていくと後々には評価されるでしょう。

周りがあなたに対して合わせてくれるようになるためには、どのように行動したらいいかを考えて下さい。

自分の意見をしっかりとまとめ、行動計画を立てましょう。

未知なるものへ挑戦し、自分の人生の主導をとるといい時です。

スピード感よく物事に対応すると、将来の展望が明るいです。

勇気を持って突き進めばライバルに勝てるでしょう。

8.Strength 力

【力】逆位置

あなたは今置かれてる立場に、感覚が麻痺していませんか。自分自身をちゃんと大切にして、まずは少しずつ深呼吸することから始めて下さい。

あなたには現実を作り出す力が備わっています。
勇気を持って行動して下さい。
相手への要求をしすぎたなら、改善を。
信用を取り戻す行動をして下さい。

精神的なダメージのケアをして、力を蓄えましょう。
依存ではなく自立することが求められています。

【原因と心理状態・感情】

精神的に弱くなっている。
強情なところがあり、人に対して攻撃的になっている状態。
自惚れから現実が見えていない状況。
自分では無理だと思い込む過去がある。
不信感があり、いつも考え込んでしまう状況。

【性質・性格】

切れやすく感情をストレートに表現してしまう人 / 強情で強引に物事を進めていく人 / 精神年齢が低い人 / 短気で情緒不安定なところがある人 / 卑屈になる人

【アドバイス】

臨機応変な態度を求められます。
逃げ道を何とか作りたいかもしれませんが、今は正面から立ち向かうことで状況を打破できそうです。
もともと気持ちが強い人です。感情に流されないように進めて下さい。
感情をコントロールして、今考えている対策は再検討する必要があります。
自分の弱さとは何か？と自問してみると解決策が浮かんでくるようです。
皆、自分のなかに暴走しそうになる獣を飼っています。その獣は自分を愛することで飼いならし、味方にすることができます。

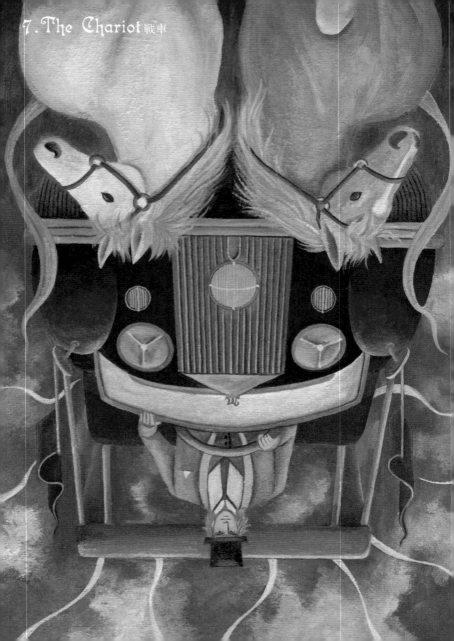

【戦車】逆位置

今の状況に怒りの感情の歯止めが効かない時かもしれません。周りに振り回されて非常に苦しい立場かもしれません。

必ず事態は改善できます。
一つ一つ丁寧な言動に変えましょう。
人生は勝ち負けではありません。次が必ず用意されているということを信じてみて下さい。

自分の思い込みにとらわれていたかもしれません。
感情がコントロールできず自暴自棄になる時かも。

【原因と心理状態・感情】

少し後悔している時かもしれません。
口ばかりで動けない状況、文句や言い訳が多い過去。
他人を無視した行動をした過去。言葉が乱雑になっています。
挫折や失敗からの屈辱、尽くしすぎて疲れている状況。
あなたは少しだけ休憩が必要な時です。

【性質・性格】

助言が耳に入らない人 / 聞いているようで聞いていない人 / 熱しやすく冷めやすいところがある人 / 攻撃的なところがある人 / 思い込みが激しいところがあり冗談が通じない / 独りよがりになり猪突猛進してしまう

【アドバイス】

「自分はちゃんと考えを持っていてしっかりと生きていける」と声に出してみましょう。自分に言い聞かせていくことで自分自身を一番の味方にし、力強い行動に移していけます。
他人に対しての比較にとらわれないようにする時でもあります。「自分がどうしてこの状況にいるんだろうか」と考えて、現状に向き合ってみてください。相手との小競り合いに負けた気持ちになっているかもしれません。その小競り合いは本当に必要な小競り合いだったでしょうか。
自分自身に落ち度がないか見直して下さい。

13. Thanatos 死神(終焉)タナトス

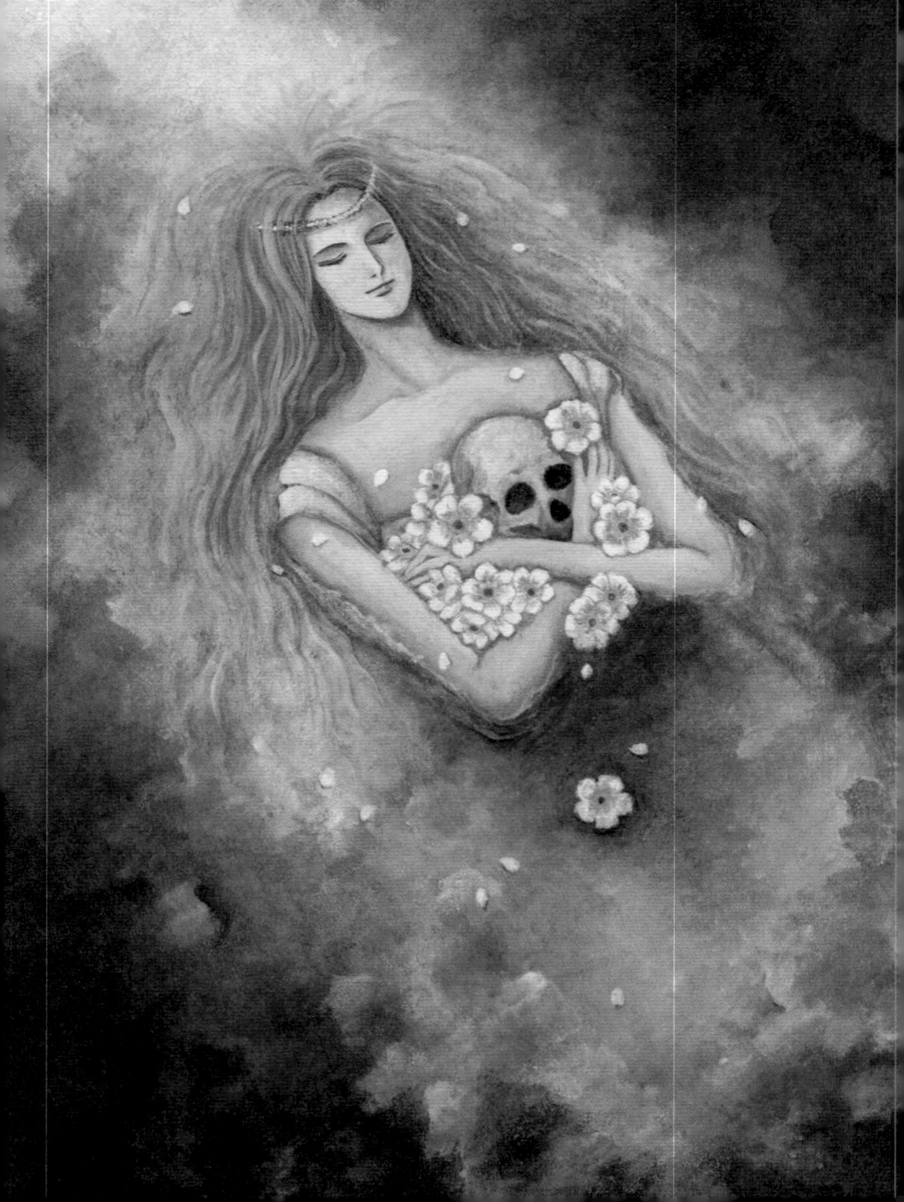

【死神】正位置

大きな方向転換は吉となります。
白黒をつけ区切りをつけるいい時です。

自分自身の人間関係やいろんな物事に学びや別れがあるでしょう。大きな変化に戸惑うかもしれませんが、許す気持ちを持って前に進んでいきましょう。

疲れている時かもしれません。体を休め、こころを休め、次への英気を養いましょう。

慣れ親しんだ考えや関係性を終わりにすることは苦痛が伴うかもしれません。

【原因と心理状態・感情】

過去にしがみついていて行動できない状況。
自分で物事をややこしくしている。
白黒はっきり答えがでる。心変わりをしている状況。
相性があわない現状は悪化する。

【性質・性格】

マイナス思考が強い人 / 思い込みが激しく、自己完結的で、まわりに迷惑をかける傾向がある / 感情表現が少ない人 / すぐ泣いてしまう人 / 無口な人

【アドバイス】

関係性において、何か復活があるのかもしれないと考えるかもしれませんが、躊躇しないで決断し、終わりを迎えることで新たな境地が必ず開いていきます。
あなたが求める関係性のゴールは何でしょうか。そのゴールに遠く及ばないのであれば作戦を練り直し、今の状況を終わらせることがプラスになります。
お互いがプラスになっていくための必要な別れだってあるということを認識していきましょう。
過去と向き合い未来に向けて進みだせば、必ず好転していくはずです。

【月】逆位置

確かな手応えが欲しい、悩みを解決したい時かもしれません。

自分自身がその環境を引き寄せているとするならば、逆の状況も引き寄せることができます。

自分自身のこころは自分が一番わからなくなる時かもしれませんが、そんな時は周りの人に「私はどんな人間だと思う？」と聞いてもいい時なのです。
皆さんからの答えがあなたの中の真実や事実に蓄積されていきます。

【原因と心理状態・感情】

ごまかされる。秘密の関係が壊れる状況。隠されていたことが明るみになった状況。他人への思いやりがもてない状況。精神的にバランスを崩している状況。相手の都合を優先しすぎてしまった過去。共依存の状態で切るに切れない関係性。

【性質・性格】

中傷する人 / 嫌味をいう人の悪口を陰で言う傾向 / 優柔不断でいつまでも答えを出さない人 / 信用できないところがある人 / 依存してしまうメンタルの弱いところがある / 自立できない人 / 何を考えているかわからない人 / 本心を隠す人

【アドバイス】

あなたが立ち向かわないといけないのは自分自身の「恐怖心」です。
自分の本心がわからず、答えが二転三転してしまう時かもしれません。そんな時は深呼吸をして静かに落ち着きましょう。自分自身の感情が落ち着き、冷静になってから答えを出しましょう。
紙に思いつく言葉を書いてみましょう。そして不要な物を手放すところに言ってみましょう。真実を見極めることが大切です。苦悩はするようですが、本当の意味でトラウマが解決していきます。機転の利いた行動はトラブルを回避するのに有効でしょう。

【世界】正位置

あなたの独創的な世界を作っていきましょう。
個性がないと諦めないでください。
自分の世界を大切にしていくということは相手の世界を認めるということです。自分自身の個性は何歳からでもいつからでも作り出せます。

貴方にいいことが起きるでしょう。周りと比較するのではなく、今ここに生きていることを大切にしてください。自分自身の世界を作るために今の出来事が起こっています。

【原因と心理状態・感情】

自分自身への幸せな結論が出せている、または、出す状況。
周囲に認められる関係。恋愛が実る。
楽しい生活への憧れがある。
相性がよくお互いの人生を尊重したいと考えている。
自分の個性が認められて評価が高い状態。

【性質・性格】

合理的な考えで安定志向の性質 / 周りに対して気を使える人 / 行動力がある人 / チームワークを大事にする人 / 周囲の状況をよく把握している人 / リーダーシップがあり目立つ人 / 個性的な独特な世界観がある人 / 有名な人

【アドバイス】

周りと共に勝つという形で目標目的意識を持つと良くなりそうです。
自分を認めるためには相手を認めるという、お互いの共有を大切にしてください。そうすることでトラブルは丸く収まる可能性が高いです。
人付き合いの中からアイデアが出てくる時、交流を大切にしてください。
現状の壁があるならば、あなたなら突破できます！
この世界は自由で愛にあふれています。あなたの人生に祝福が近いようです。

【愚者】正位置

誰も自分のことはわかってくれないと嘆く必要はありません。
あなたが考えた行動は必ず成功する道筋になります。
自信を持って慌てずに進んでください。

旅に出るようにワクワクしましょう。
計画がないということは自由であるということです。
すべての出来事をポジティブにとらえていくことで
未来が創られます。

たくさんの経験があなたの人生にとって宝物になる
ようです。

【原因と心理状態・感情】

直感や感性を優先したい状態です。
忠告に対して聞く耳を持てません。
古い習慣に縛られていて、そこから解放されたい状況。
ゼロから何かを生み出したいと、そわそわしているようです。
ワクワクする出来事に出会い、こころが明るい状態。

【性質・性格】

大雑把な性格 / 子供のような無邪気な性質 / 理想が高く型破りな人 / 束縛を嫌う人 / 大胆な天才肌の人 / 一か所にいることができず、いつも夢を追いかけている人

【アドバイス】

ひとつひとつ歩みを進めていくといい時ですが、相手との協調性を無視して自分で突き進みすぎてしまうと、思わぬ失敗にあいます。
大いなる勇気を持って行動に歩み出しましょう。道はしっかりと用意されています。あなたが考えている以上に人は自由で大胆な行動はとれません。ですが自分がお手本になるように行動をしめしてあげると周りから協力をもらうことができるでしょう。何か新しいことをしてみたいと感じているならば、その直感にしたがって行動して下さい。

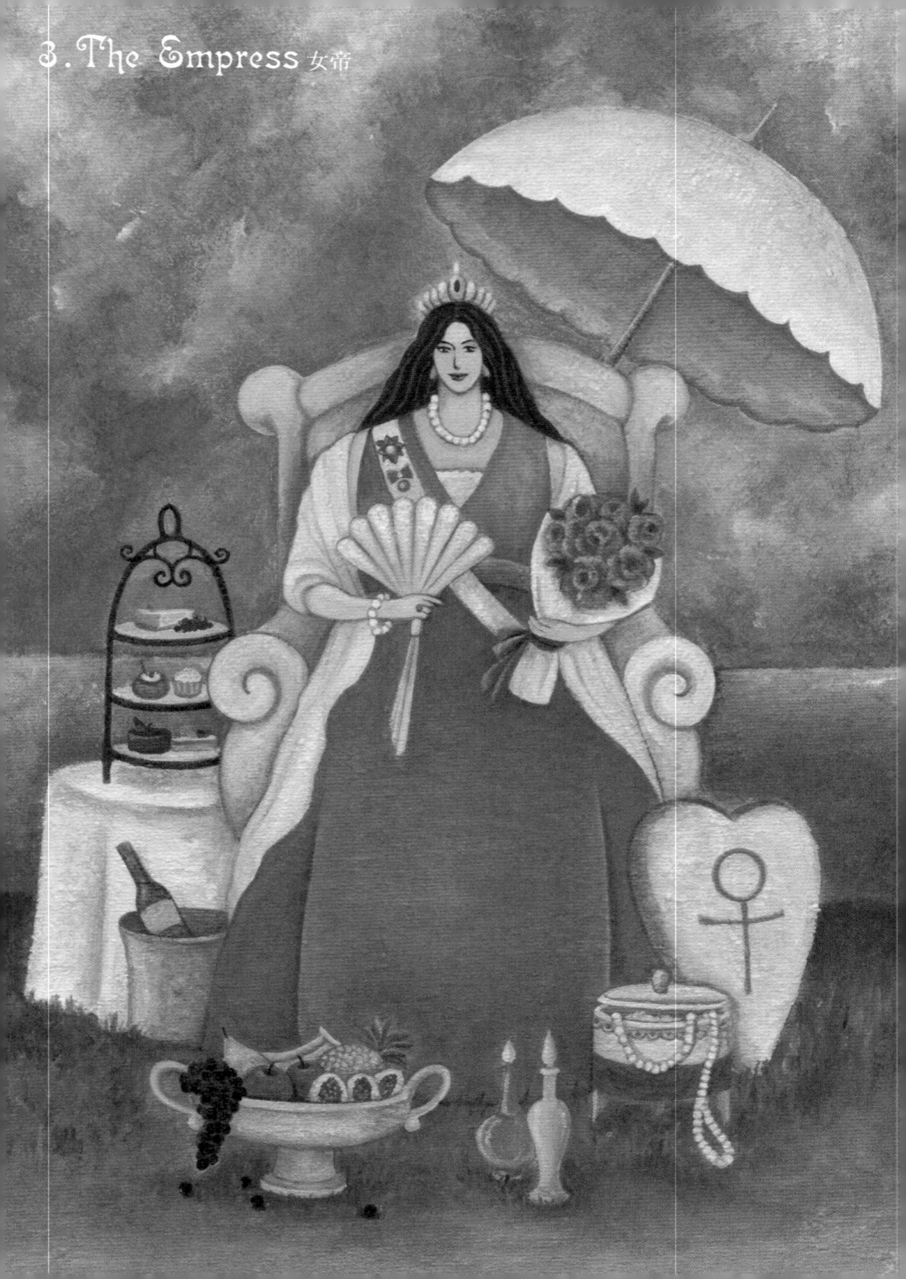
3. The Empress 女帝

【女帝】 正位置

自分自身が手塩にかけて育ててきた事柄が成功したり実っていく時のようです。豊かさや楽しみや喜びが入ってくるようです。それは自分自身が相手のことを思い、そして自分自身のことを思い、行動してきた結果です。

相手からアドバイスや助言を得られているならば、それに感謝し受け入れることを大切にして下さい。たくさんの恩恵をたくさん受け取りたいという気持ちは持っていて人は当たり前です。喜びの感情を盛大に表現して下さい。

【原因と心理状態・感情】

いい出来事があったようです。周りから助けられていい状態になるようです。
好きな感情を表現しています。母性本能をくすぐられる出会いがあったようです。
愛されていると実感できている状況です。
心が穏やかで安定した状況です。

【性質・性格】

やさしくおおらかな人 / 尽くす精神がある人 / 甘えることが素直にできる人 / 女としての生き様を謳歌する / 姉御肌で愛情に満ちた人 / 情にもろい人

【アドバイス】

豊かに包み込むような愛情を表現し、安定しリラックスしましょう。居心地のよい環境を相手に与えて下さい。努力が実って、よりよい成果が現れる時期が近づいてきています。今のまま進むべき。目の前の事に一生懸命取り組めば必ず結果がついてきます。魅力が高まっている時です。自分磨きを加速させて下さい。いま感じている幸せや楽しみに期待をしてそれがずっと続いていくような気持ちになりましょう。

【法王】逆位置

常に情報をアップデートして、革新的に進んでいく時なのかもしれません。

あなたが、もし部下や後輩、年齢が下の人との、人間関係に悩んでいるのであれば、自分の言動で「彼らに良い影響を与えていきたい」と自分を追い詰めているのかもしれません。

自分はこういう風に見られたいという枠さえ丁寧に外していけば、楽な関係性を築けていけるはずです。偽りの自分で対応することは、ストレスがかかり非常に苦しくなっていきます。

【原因と心理状態・感情】

前例のないことに戸惑うかもしれません。
頭ごなしに否定されて傷ついています。
孤立する暗示がありそうです。
柔軟性にかけ、自分の首を絞めている状況かもしれません。
立場が上の人に対して、恐怖を感じる時。
環境や生活においてすれ違いが起こっているようです。

【性質・性格】

やや偏屈、無責任で他人任せな人 / 虚栄心から嘘を言う人 / うわべだけで考えが甘いところがある / プレッシャーに弱い、逃げ腰になる

【アドバイス】

見栄を張らず素直になりお詫びをすることは、関係性においてとても大切なことのようです。
自分自身の今までの過去にとらわれずに、新しい感覚をより学んでいきましょう。
世間体にとらわれる必要はありません。建前やおせっかいはしないようにしていきましょう。虚栄心をはらず、丁寧な対応を心がけるといい未来になるようです。相手を大切にしたい気持ちを表現して下さいね。

【皇帝】正位置

力がみなぎっている時のようです。

関係性で考えれば、あなたとその人の関係性は、非常に強い絆が今から生まれていくでしょう。
非常に良い結果を生み出すようです。

あなたのその行動力は、周りから羨望の眼差しで見られています。

自分の存在意義を考えた行動をして下さい。
向上心を持ち相手に礼儀をつくして下さい。
条件のいい未来がやって来るでしょう！

【原因と心理状態・感情】

行動により好結果が得られている状況。
意欲的に困難に立ち向かっている過去や現状がある。
愛されるべきという思い癖がある。自らの力でほしいものを勝ち取る。
責任感やプレッシャーを楽しむゆとりが出てきている。
権力への憧れがあるようです。

【性質・性格】

情熱的な男勝りな人／男らしい人／厳しい中にも信念がある人／行動力はあるが、少しデリカシーにかける人／不器用だが、思いは強い人／バイタリティーあふれる人

【アドバイス】

自分一人だけが行動していくことを、なぜかマイナスに感じてしまってはいませんか。過去を顧みながら、自分の目の前の道筋を見据えた行動をすることがいい未来につながります。
あなたが心に決めた行動をとっていくことで周りを説得することもできます。やみくもに動くのではなく、しっかり考えて行動するほうがよいでしょう。
悩みやピンチは一人で抱え込まず、周囲に相談すべき。
周囲を味方につければ目標達成を目指していけます。

【正義】逆位置

今あなたは過剰な思い込みをしているかもしれません。
厳格なルールに自分自身をがんじがらめにしている
時かもしれません。

人は予想外にルールを破ります。
自分自身が真面目で、正直になりすぎたという風に、
みじめに感じる必要はありません。その真面目さゆえ
に柔軟性が欠けている時かもしれません。

深呼吸をして少し頭を柔らかくし、心を穏やかにする
時間を取りましょう。

【原因と心理状態・感情】

信じられたい、信じたい間で揺れている状況。
妥協しなければいけない。独りよがりで苦しい。
オープンにできない関係性。冗談が通じにくい。
相手への不満が募っている状況。
感情的になりすぎて、妄想が激しくなっているとき。

【性質・性格】

常識を考えない人 / 世間体ばかり気にする人 / 自己都合ばかり優先する
ところがある / 理想が高すぎる人 / 偏見があり秘密を持っている人 / 利
己主義で人を利用する人 / 冷静さがたりないところがある人

【アドバイス】

冷静に答えを出しましょう。独断と偏見で答えを出さないようにして下
さい。
社会的なルールや常識は時としてこころを苦しめていきます。
人として生きていくためには必要なルールなのかもしれません。
ルールが通用しないような人たちに苦しめられているのであれば、距離
をとっていいのです。
間違いないと過信し過ぎるのはトラブルになるようです。

10.wheel of fortune 運命の輪

【運命の輪】正位置

自分が望んでいた状況が、今この瞬間に起こっているようです。または近い未来に自分の望む状況が起こっていくでしょう。

自分の今までの行動が、今の現状につながっています。いい状況は止まるのではなく常に変化していきます。いい状態が止まってしまうのではないかと不安にならないようにすることがとても大切な時です。

タイミングやチャンスはたくさん目の前に転がっているものです。

【原因と心理状態・感情】
出会いがある・まさに今出会えた。一目ぼれしている。
本能で相手が気になっている状況。
ラッキーなお知らせが来た、または来る。
誤解が解けて、理解が進む状況。
考えの転換期、視野が広がっている状況。

【性質・性格】
タイミングの合う人 / 空気が読める、気遣いができる人 / 向上心が強く、即答する性質 / 明るい人 / 自由を愛する人 / 人を楽しませるユニークな発想の持ち主

【アドバイス】
ポジティブな状況をずっと楽しみたいと、こころから思えばその状況は守ることができます。
終わりがないのではなく、常に終わりと始まりは繰り返しながらあなたの人生を彩っています。
不安感から慌ててしまう時があるかもしれません。ですが、ポジティブに考えていけば良い状態が巡ってきます。とんとん拍子に物事が動きます。先手を打って行動するといい結果になります。
素直な感情を大切にして表現して下さい。

【塔】正位置

今ある関係性も全てを手放すいいタイミングです。
劇的な変化が訪れるでしょう。

自分が思う以上に周りは全く気付いていないのかも
しれませんが、いつか真実があらわになり、自分の足
元から物事が覆される時が起こるかもしれません。注
意をしましょう。目の前にある事の見直しをしてみま
しょう。

自分で危ないなと感じたならばその感覚に従って行
動を取って下さい。

【原因と心理状態・感情】

失意に沈んでいる。周囲と対立している。
解決策が見つからず自暴自棄になる。
避けることができないトラブル。
家族や親近者との別れや離別。突然の別れ、問題が急に浮上した。
周囲の反感を買う態度をしている・またはされた。

【性質・性格】

自分のことがわからない人 / 人を物のように扱う / 他人に厳しすぎる人

【アドバイス】

相手の予想外の答えに戸惑っている時でしょう。
どれだけ考えたとしても、無駄に終わってしまったかのように感じる時
ですが、このマイナス点は必ずプラスに向かうための痛みです。
発想を変えて行く事は勇気が必要ですが、その勇気は後々に素晴らしい
英断であるとわかってくるはずです。
人は傲慢になった時に、足元をすくわれたりすることがあるのかもしれ
ません。
今は計画の練り直しや考え方を構築するいい時なのです。

1. The Magician 魔術師

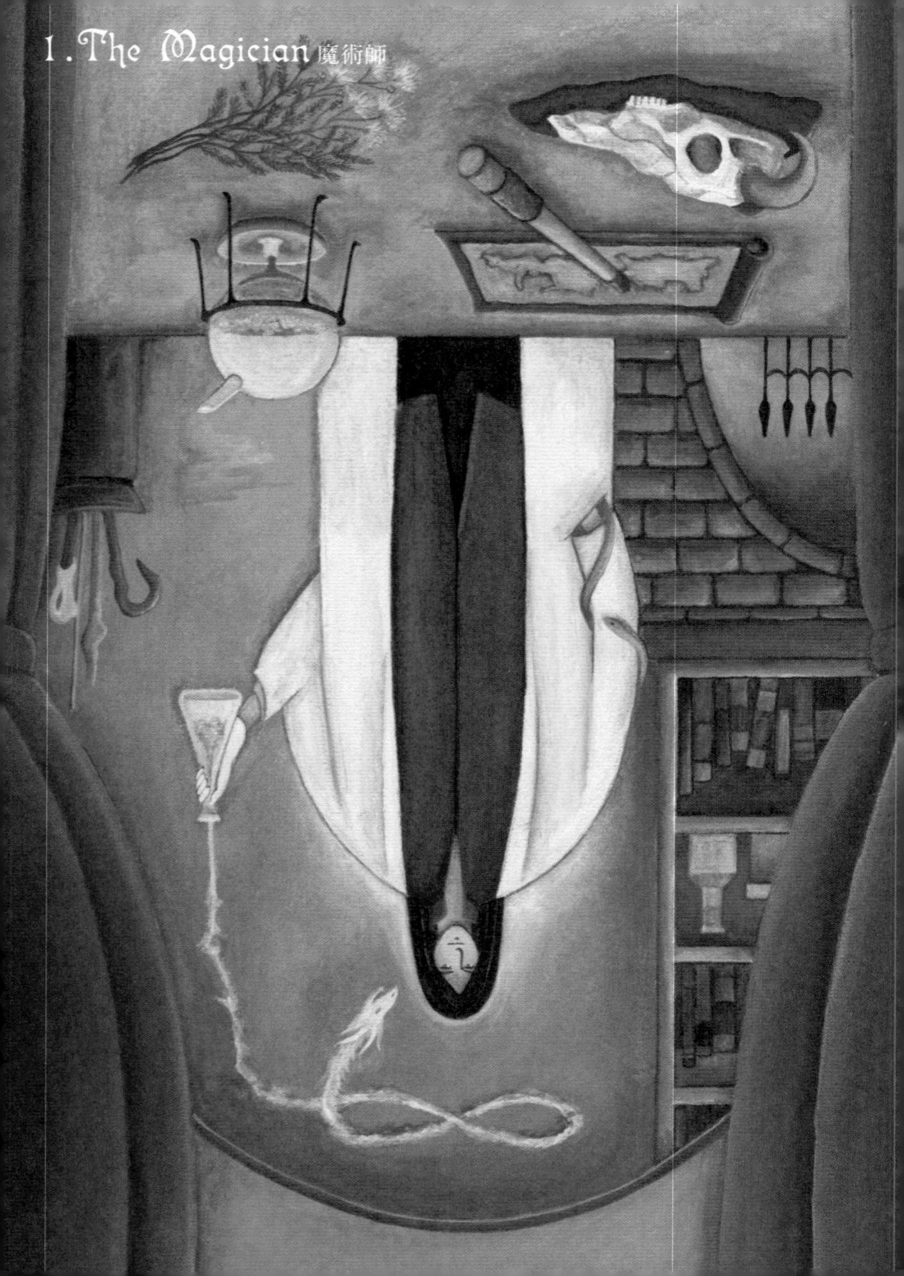

【魔術師】逆位置

今までの関係性が、裏切りや嘘だったのではないかと思うことがあったかもしれません。

自分自身で事実を確認することは、とても大切な作業の一つですが、猜疑心に苛まれて、何も出来なくなるのであればやめましょう。

何もなくなってもまた1から作り出すことはできますし、その作り出す未来に大いなる期待をしていくべきです。人を選んで付き合うことを怖がらないで堂々として下さい。

【原因と心理状態・感情】

未熟で失敗している状況。

ぐずぐずしてチャンスを逃してしまった状況。

調子に乗って自分のできないことを引き受けてしまったり、無理をしている状況。

嘘をついてなんとか事態をおさめようとしているようです。

【性質・性格】

八方美人 / 嘘つきで上辺だけなところがある / 社交辞令が上手 / 快楽主義なところがある / 自分のことがわからない / 感情が薄く反応ができない人 / 何を考えているかわからない人

【アドバイス】

自分自身に本当に必要な人や、本当に必要なものは何であったかを見直していきましょう。

八方美人にイライラしている場合ではありません。

人はあなたのことをあまり快く思っていないかもしれません。

自分の行動や言動を見直してみる必要性があるようです。

見直す必要がないならば、自分が今から気を付けなければならないという、大切なメッセージとして受け取って下さい。

【節制】 正位置

自分の周りの人間が、信用できるか信用できないかと、疑心暗鬼になる時ではありません。

あなたが今まで築き上げてきた人生は、誰にも否定されることではないことをこころに留めておきましょう。

あなたに起こった一つ一つの出来事を丁寧に見直し、それを宝物として 人生を振り返る時。

周りの人々に対して感謝の気持ちが湧いてくるでしょう。

【原因と心理状態・感情】

生活環境や会社環境など、外的要因の変化があります。
関係性の構築が良好に進む。安心や完璧を望んでいる状態。
穏やかで、感情の起伏が少ない心理状態。
実際に口にしなくても感謝の気持ちが常にある。

【性質・性格】

安定安全志向の持ち主です。極端な変化を嫌うでしょう / その一方で、何か変化もしていきたいと野心的な自分がいます / 節度のある人 / いろんな意味で大人 / 中性的な人 / オールマイティな人 / 何度も確認しないと不安になりやすい傾向がある

【アドバイス】

自分の現状を紙に書いて客観的にとらえて考えて下さい。
いつもと変化のない日常に大切な気付きがあるはずです。
心身と行動のバランスを取り無理をしない事もいいようです。

19.The Sun 太陽

【太陽】正位置

幸せや喜びをストレートに感じやすい時です。
自分の地位や名声が上がっている時かもしれません。
素直に喜びを表現しましょう。今チャンスはあるよう
です。自分自身のチャンスを生かすとこころに決めて
行動力を高めましょう。

恵まれた環境にあるかもしれません。その時は誰かの
何かのおかげでその環境にあるのかもしれません。そ
こに意識を向け感謝をして下さい。

Message

【原因と心理状態・感情】

積極的な行動のおかげでチャンスをつかんでいる状況。
若さがある、困難をしのげる力がある。
やがて来る幸せに期待している状況。
自己信頼と幸福感に包まれている状況。
自分の行動や容姿に自信がある。周りから応援される状況。

【性質・性格】

人情には厚い / 子供じみたところがある人 / 純粋で素直な人 / 人のため
に本気で動くことができる人 / 損得勘定は嫌いな傾向がある / 天真爛漫
/ 天才でカリスマ性がある人 / 笑い上戸で笑顔がかわいい人 / 我慢強く
バイタリティがある人 / 明晰な分析力と思考力を持っている

【アドバイス】

とても幸せになるための道筋が整っています。
このままの関係性を維持していくために、自分の時間の使い方や日程な
ど、約束事のチェックをしてみてください。
あなたは相手にとって陽だまりの存在です。常に明るくいなきゃいけな
いと、自分にプレッシャーを与えるのではなく、考えすぎずに。ただ、
あなたがその場にいるだけで周りは明るくなっているのです。
自分という存在をしっかり大切にしてあげて下さい。
あなたは過不足無くそのままで大丈夫なのです。

【死神】逆位置

今マイナスな状況ならば、その状況はようやく終わりを告げます。今まで苦しかった人も解放されるでしょう。

問題を正面からとらえて行った時に必ず好転していきます。

再スタートできます。周りの人にあまり遠慮せずに、自分自身でリセットをかけることを怖がらずにやっていきましょう。

運命のいたずらで起きたチャンスをものにして、ここから巻き返しを！　新たな出会いに期待して下さい。

【原因と心理状態・感情】

真実が見えて来る・見えて来た状況。
自分の本心に気付き行動している。
努力は報われる。復縁が叶う・もうすぐ復縁する。
誤解が解けていく。心が穏やかに、静かに日々を送っている。

【性質・性格】

感情表現が苦手だが、根本的に悪い人間ではない／泣き虫で感情表現が豊か／縁の下の力持ちタイプ／人の役に立ちたい奉仕の精神がある／人には言えない過去を抱えている傾向がある

【アドバイス】

前向きな気持ちになる。過去への執着を手放すとき。
潔く手放すことで本当に価値があるものを手に入れる。
忍耐強く時期を見て、結論は急がないことで立ち直るチャンスが来ます。
関係性の再構築がうまくいく暗示です。答えを急がないことで本物が育ちます。
今までの障害がなくなる時です。人の助けも借り進めていくといいでしょう。
弱気にならず、勇気を持って下さい。

【恋人】逆位置

自分自身の直感が正しいか分からなくなっているかもしれません。怖くて、苦しくて逃げ出したいことが押し寄せてきているようです。

選択をしていくためには、さまざまな情報を知ることは大切なことですが、迷いすぎて答えが出なくなる時は、深呼吸して立ち止まり、自分がおもしろいと感じる方向に舵を切って下さい。

そうすることで周りからの応援ももらえるようです。

【原因と心理状態・感情】

失敗することを極度に恐れています。
決断から逃げています。
こころが定まらず意見が変わりやすい。
浅はかな言動でトラブルに巻き込まれている状況。
浮気や気移りが多く振り回されてしまいがちな状況。
いいかげんな対応をされてしまう過去。

【性質・性格】

優柔不断で決断を他人任せにする傾向 / あきっぽい人 / 悪知恵が働く人 / 浅はかな言動が多く無責任な人 / 裏表がある人 / 幼く考えが甘いところがある / 享楽的な人

【アドバイス】

相手と自分との距離感を適切に保つことが今とても大切なようです。
意志が折れそうになる時は、自分がこの結果を手に入れた先にはどんなことを感じるのか、意識して気持ちを高めてください。
期待していることは、時間がかかり思うような結果になりにくい時です。
不誠実な対応は事態を悪化させてしまいます。「謝罪」は早急に。
自分のこころが定まるまで時機を待つこともいいようです。

【法王】正位置

自分が望んだ立場に、今いるかもしれません。
それは、周りの人達のおかげであることを忘れずに進んでいきましょう。

部下や後輩、兄弟やさまざまな人間関係において、あなたが発信することは、その人たちの役にも立っていくのです。その人間関係がより永続的で素晴らしいものになるために、寛容な気持ちを育てましょう。

あなたに相談してよかったと周りから感謝されることもあるでしょう。

【原因と心理状態・感情】

信頼関係が良好で、良いアドバイスを得ている状態。
自分のもっている能力や技術を、社会に還元したり、貢献しようと考えている状況。
自分自身の道徳心を大切にしたい気持ちが強い。
尊敬されている状況。

【性質・性格】

知識人 / ルールを重んじる人 / 奉仕の精神がある人 / 落ちついている人 /
勤勉で真面目な人 / 相手のことを思いやって行動する人 / 信頼できる人

【アドバイス】

自分の経験を人に伝えていくことは、人間関係をより豊かにしていけます。
自分よりも目上の方が、威厳をもってあなたにアドバイスをしてくる時かもしれません。そのアドバイスは、今は分からなくても、後々役に立つアドバイスであることも多いので、素直な気持ちになり相手の意見を聞く耳を少し持ちましょう。自分の考えを他人に話すことで、より良い考えにまとまっていくでしょう。
あなたは人の前に立ち、導いていく立場かもしれません。不安にならず自分の道を真摯に信じていくことができれば、きっと幸せな未来が待っています。

【女教皇】逆位置

あなたは今、偏見や嫉妬心で苦しんでいませんか？
神経質にならないようにしましょう。

不明瞭な、未来の状況に対して、怒りが強くなっているかもしれません。自分自身が批判的になっていないか、言動に注意してみましょう。

過度に感情的になるときは、周りからも あまりいいようにはとらえられません。過去にしがみつきすぎないようにして、柔軟な考え方をして下さいね。*Message*

【原因と心理状態・感情】
常に緊張感がある状況のようです。
失敗しないか、いつもおびえてしまうところから神経質になっています。
潔癖なところがあり、自分の感情を抑えている状況です。
相手の欠点を許すことができません。
偏見があり、自分と価値観が合わないと攻撃的になります。

【性質・性格】
神経質な人 / 陰湿なところがある人 / 自分に甘く他人に厳しい人 / 知識や教養をほしがり、他人に対して見下すところがある / 計画がうまくいかないとイライラする人

【アドバイス】
小さなことが、気になって仕方ない時かもしれません。
あなたのその繊細な感覚は大切にするべきですが、時としておおらかになってみることでこころが楽になることも知っておきましょう。
何かに献身的に取り組むことで、あなたの誤解をとくことができるようです。情緒不安定になりそうであれば、少し時間を掛けて相手との距離を作って下さい。

12. The Hanged Man つるされた男

【つるされた男】逆位置

今は時間をかけて状況が好転するまで待ちましょう。

ただしあなた自身がその相手との人間関係で諦めなければという条件付きです。

人とのつながりを意識するあまりに、意思表示ができなくなり動けないのであれば、それはまやかしの関係性です。自分勝手に行動したために不利な立場にいるのであれば、今をじっと耐えてそして足元を見直し作戦を立てていきましょう。

Message

【原因と心理状態・感情】
意地をはって事態が悪化している状況。
奉仕はあまり伝わらない。
他人を無視した行動をした・またはされている状況。
実力不足が表面化している状況。
すぐに目の前のことから逃げてしまう。
犠牲になる、または、なった過去。

【性質・性格】
身勝手な行動が多い人 / 意地が悪い人 / 感情に波があり気移りしやすい人 / 陰湿なところがある / 忍耐力がない人 / すぐ言い訳をしてくる傾向がある / 楽することに目がない傾向 / 自分都合で人を振り回す傾向がある

【アドバイス】
現実逃避しないことが大切です。どれだけ身を尽くしても、希望が見えない時には、人からの意見を取り入れて物事を動かして行きましょう。
他の人の新しい発想から答えが見えてきます。
相手を尊重して忍耐してきたこころを開放してあげるように話すといいでしょう。
ただし集中力が十分ではない時なので、時々理解できているか確認しながら対応するといいようです。

15.Desire 悪魔(欲)

【悪魔】正位置

あなたがいくらもがいても、どれだけ叫ぼうとしても、届かない願いや、届かない願望があるようです。
それは見直さなくてはいけないというサイン。

願いが執着になっていないかを見直しましょう
依存的な立場や考え方を直しましょう。
「誰かのせいで」を止めるよう努力していきましょう。

自分自身がこのままではいけないと、こころの片隅で
気づいてる時でしょう。

【原因と心理状態・感情】

受け入れがたい現実がある、または、過去にあった。
執着心が強く自暴自棄になりそうな状況。
快楽におぼれ自分に甘い状態。相手にのめりこんでいる状況。
現実逃避して楽なほうへ考える。おかしいと他人から指摘されている。

【性質・性格】

誘惑する人 / わがままで人を振り回す傾向 / 我慢はしない人 / 口うるさい人 / 人をたぶらかす / 浮気性で魅力はある人 / 手に入れたい物がある時はとことん人を利用する人 / 本能のままに生きる人

【アドバイス】

冷静な判断力を失っていませんか？
怠ける心や甘えは誰にでもあります。
変わりたいのに変われないと口癖が出るかもしれません。
ここからは強い意志力が大切です。
強い意志というのは皆さん持っています。
その強い意志が続かないばかりに、自分自身を責めて楽なほうに逃げてしまう時もあります。
そういった時ほど抜け出す方法というのは自分自身が一番わかっているときなのです。
その自覚を是非大切にしてください。あなたは変われます。

18. The Moon 月

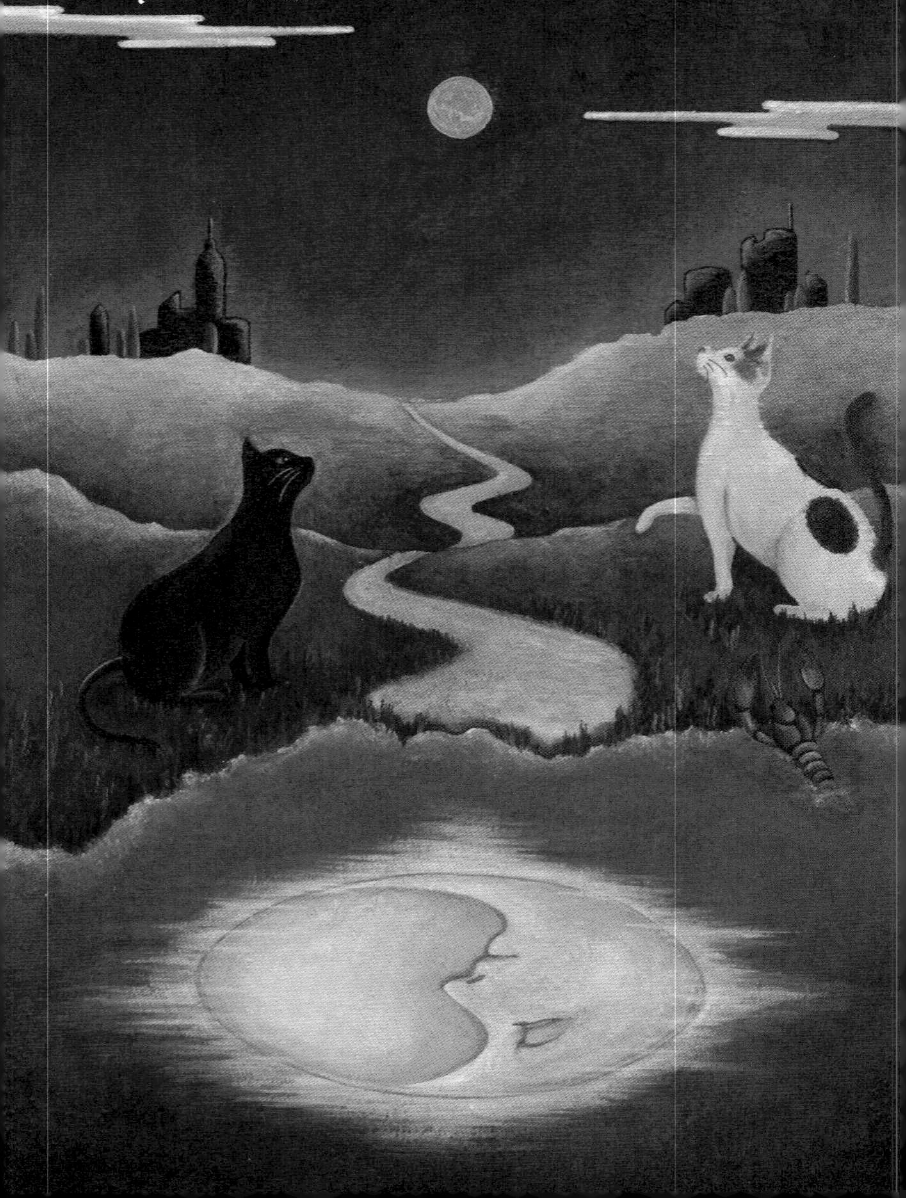

【月】正位置

自分でモヤモヤと考えすぎるのはよくありません。

自分で作り上げてきたものがゼロになってしまうかもしれないという、妄想的な不安がもしあるとするならば、まさに今その妄想を捨てて行き、新しいものを作っていく準備をしていきましょう。

自分の可能性を自分で信用できない時かもしれません。ですが、こころの奥深いところでは既に解決方法を知っています。
心静かに待ちましょう。

【原因と心理状態・感情】
自分の考えがまとまらない。相手が何を考えているのかわからない。
悩みが大きくなり出口が見えない。不安が現実化してしまった状況。
あいまいな状態を取られている状況。隠し事や秘め事がある状況。

【性質・性格】
何を考えているのかわからない人 / 人とは違う視点でものを言う、または、発見する傾向 / 少し根暗な人 / オタクな人 / 妄想や不安感を煽る人 / 影響されやすい人

【アドバイス】
一抹の不安を自分で煽りすぎないようにして、過去を認め、自尊心を育むといい時です。
そこはかとない不安が、突如として襲ってきたとしても、今ある関係性はそうすぐには壊れないのです。
自分の気持ちに折り合いがつかないとふさぎこまないで下さい。
心が変化する時期です。あせらないで自分を見つめて、感情の整頓をしましょう。
人を頼り過ぎず自分で答えを出す、考える力を持ちましょう。
満月が持つ達成するパワーがあなたに力を与えてくれるはずです。

19. The Sun 太陽

【太陽】逆位置

激しい感情をぶつけられて悲しんでいる時かもしれません。ですが、この激しい感情をぶつけられて黙っているわけにはいかない時なのかもしれません。

自分の意思表示をすることが時として人生を守りそして未来を切り開いていきます。

素直に感情を出し、泣いてしまってもいいのです。あなたはきっとその感情を味わうことで、より良いものにたどり着くはずです。

【原因と心理状態・感情】

忙しすぎて考えるゆとりがない状況。
楽観的すぎて問題が解決していない状況。
浅はかな考え方で相手を傷つけている・または傷ついた過去。
自分の能力の過信から信用を失う。感情が冷めている状況。
将来の展望が見えない状況。

【性質・性格】

身勝手な行動が多い傾向 / 意地が悪い人 / 虚栄心が強くわがままな人 / 礼儀がなく非常識な人 / 人を小馬鹿にする人 / 自制心に欠ける傾向 / 熱狂的な快楽主義者

【アドバイス】

自分の過去の行いを悔いるのではなく今ここから変わる！ と宣言していきましょう。
もし人との関係でタイミングや時間がないのならば、その時間を作ることは大切です。
素直な感情表現があなたにとってプラスになります。
人間関係において、挨拶をすることはとても基本的なマナーです。その挨拶を大切にしながら一つのコミュニケーションに怯えずに。
そして自分の中の陽だまりを大切にして下さい。あなたが笑顔で挨拶すると、相手は愛を持って返してくれます。

17.The Star 星

【星】逆位置

今は悲しい時かもしれません。

自分自身が悲劇のヒロインのように感じ、誰からも助けがもらえないと感じるかもしれません。

ですが、現実的にとらえてみるとそれは大した問題ではないかもしれません。

今までの経験だけではなく、今ここから「アドバイスもたくさんもらいながら、周りの人と楽しく生きる事を手に入れていく」と心に決めましょう。

あなたにはその選択をする力は備わっています。

【原因と心理状態・感情】

周りに流されてしまう。強情な態度をして反感を買っている。
被害妄想が強くなる状況。悲観的に物事を捉えている状況。
自分の道を見失い現実逃避している。

【性質・性格】

やや偏屈なところがある / 他人任せで責任感がない人 / うわべだけで考えが甘い傾向 / 現実が見えない享楽的な人 / 心配性なところがある / 理想が高すぎる傾向がある / 友人から反感を買いやすい人

【アドバイス】

謙虚さを忘れずに行動してください。見識を広げることで、感情に流されない自分を作ることを少しずつ始めましょう。自分だけの価値観を作っていきましょう。
過去をいつまでも引きずらないために未来に向けて知識を身に付けていきましょう。
今の関係性に悲しくて涙が止まらない時かもしれません。
時間があなたを癒してくれます。
そして時間が過ぎていくと共に、目の前にある現実的なことに、少しずつ目を向ける努力をしてみてください。
この悲しみはずっと続くわけではありません。

【審判】逆位置

気持ちが通じず、悲しくなるでしょう。分かり合いたいと思うなら、今は動く時ではありません。一線を引き距離を作り、タイミングを待ちましょう

自分が言いくるめられないように反応する力を持ちましょう。
思い付きでの行動は後々後悔しそうです。そのためには状況証拠を集め作戦を立てることです。

恐れや疑念から身動きできないようです。 *Message*

【原因と心理状態・感情】
期待外れで元気がでない。騙されてしまった過去。
後悔や無念が強い状態。予期せぬトラブルがあった。
考えが甘く時間がかかりイライラしている状況。
他人の親切に気がつかない過去。空気がよめず、孤立してしまう。

【性質・性格】
誤った判断をしても、自分からは謝らない傾向のある人 / 言葉を濁す人 / 視野が狭いく自己中心的な人 / 頑固でわがままなところがある人

【アドバイス】
同じ過ちを繰り返さないようにしましょう。
思い出にすがりつかないようにして下さい。
状況はあまりよくないですが、今後を見据えて行動することで信用をとりもどし、事態はいい方向へ変化していくでしょう。
周囲の人からの支援を素直に受け入れることを大切にして下さい。
自分本位に動かないで周りの協力をもらって進めていくといいでしょう。
あなたは今までの経験からどのような答えを出せばいいかしっかりと分かっています。
自分のこころの声に目を背けずに出してください。
その答えは最適で最高の結果を生み出します。

11.Justice 正義

【正義】正位置

自分の中の小さなルールを大切にしながら、自分自身を守るために、一つ一つ行動していくと良い時です。

世の中の常識は常に変化していきます。中立であることは自分自身を守ることにもつながるということを知っていて下さい。自分が作り上げた秩序ややり方は、守ることでより良いものになっていくでしょう。

自分自身の中の正義を少しずつ育てることを大切にして下さい。

Message

【原因と心理状態・感情】

相性がいい状態。
礼儀をわきまえた態度をしている・されている。
価値観を受け入れている状態。
自分が楽しんでいけるルールがある・または作ろうとしている。
中立な立場で物事を考えている。

【性質・性格】

誠実な人 / 中立的な立場で敵は作らない人 / 守ることへのこだわりがあり目立つことは避ける傾向がある / 常識人 / 規則やルールを守る / 冒険心はない傾向 / 冗談が通じない人 / 信頼できる真面目な人 / 昔は苦労人

【アドバイス】

常に周りを見渡しながら試行錯誤して改善をしていくことはいい結果になるでしょう。
答えは「YES」。相手からの態度に、誠意をもって答えてください。
自分達だけのルールを作りましょう。そうすることで共通項が生まれ仲良くなっていけるようです。
思い込みにとらわれずに柔軟な考えを持つ癖をつけましょう。
あなたは人に対して指摘をすることができます。まじめな話が響きます。
そのアドバイスは周りから受け入れられ、感謝されるでしょう。

【女帝】逆位置

どうして自分の思い通りにならないのだろうかと、悲しく、激しい感情が、あなたの心を揺さぶっている時かもしれません。
ですが、この悲しい、激しい感情は一時的なものです。

関係性の中で邪魔になるのは、嫉妬だったり、妬みかもしれません。
今あなたの中でお相手の方に対して、そういったマイナスの感情があるならば、相手の方もあなたに対して同じように感じている可能性もあるのです。

【原因と心理状態・感情】

自己主張が強すぎる。
誤った選択をしている状況。
わがままで身勝手な行動から敵を作っている。
丁寧さに欠け、配慮ができない状況。
無神経なところがある。

【性質・性格】

人を振り回す人 / 我慢しない人 / 口うるさいし、気まぐれな人 / 自分の色気を使って人をたぶらかす人 / 陰湿な行動をとり人を妬む人 / 自分で責任を取りたくないため、他人にすべてを押し付けてしまうところがある

【アドバイス】

自己中心的になっていないか見直し、自分自身の事を客観的に見直していきましょう。自分だけが悪いのではなく、さまざまな要因で、今その状態になってるのかもしれません。大変な状況ならば助けを外に求めていいのです。行動していないのに自分にできないと、あまり我慢するのは、やめましょう。関係性を構築していくために、自分自身のマイナス点を、相手にも見せているという考えを持っていきましょう。そうすることで、お互いを許すことになり、プラスに発展するキーポイントになります。

【世界】逆位置

自分の身の回りの全ての人間が信用できないと不信感を感じてしまう時です。猜疑心を持つ時というのは、自分自身に対しても疑問点を持っている時なのです。

自分勝手に動き出すのではなく、周りと歩調を合わせて物事を進め、関係性を作り直していくと良いでしょう。

人との関係は常に自己研鑽です。自分の中にもっといい情報、知識は吸収できると信じて下さい。

【原因と心理状態・感情】

閉塞感が自分を取り巻いている。神経質で疑心暗鬼状態のようです。
欠点が目につき、イライラしている。
自分以外の人間を信用できない状況。
何か大事な出来事が控えていて、不安で仕方ない状況のようです。
承認要求が強く、「認められない」と傷付いている状態。

【性質・性格】

計画がうまくいかないとイライラする性質 / 利己主義で人の足元を見る傾向がある / 表現することが苦手で、口下手な人 / 自分だけの殻に閉じこもる性質 / 嫉妬深く周囲の評価が気になる人

【アドバイス】

現状に伸び悩んでいるのであれば、周りの意見をしっかり取り入れて、マンネリを脱却していきましょう。
中途半端にならないように気をつけて、しっかりと物事を最後まで見通す力が必要です。
時間をかけましょう。支離滅裂にならないように、理論的に組み立てて話すと、あなたの伝えたいことが伝わり、誤解が解決できるでしょう。
ひとりよがりはマイナスです。アドバイスを心静かに受け入れるいい時です。

9. The Hermit 隱者

【隠者】正位置

今までコツコツと貯めてきた純粋な思いはきっと叶うでしょう。精神的に解放されていきたい気持ちがあるかもしれません。

寛大さや忍耐というところを学んできた時かもしれません。自分のことを癒す時間も取る必要性があるようです。

周りの人があなたをとても頼りにしてくるかもしれないですね。その時は自分も甘えていいのだと許してみましょう。

【原因と心理状態・感情】

落ち着いた大人の関係。愛情が深く尊敬されている状態。
お互いに尊重できている。静かな思いを長年温めてきている。
片思いをしている。自分の感情を外に出すのは得意ではない。

【性質・性格】

判断力があり真面目な性格 / ゆっくりマイペースでこつこつ物事をやり遂げる人 / 勤勉で教養に関することは時間を忘れて没頭する人 / 一人の時間を大事にする人 / 落ち着いている人 / 大人びた発言が多い年長者

【アドバイス】

自分一人の世界は心地よく誰にも邪魔されない素晴らしい世界ですが、自分と他人との距離感を怖がらずに少しずつ相手と距離を近づけていく努力をしていきましょう。
あなたのことは皆が知りたがっています。
自分ばかりが深く考えすぎているのかもしれないと、小さなことにくよくよしていたかもしれません。
あなたの考え方や思考、他人に対してあなたから発する言葉を、人はありがたい言葉として受け取ってくれるでしょう。
精神的な結びつきが強いと感じるならば、あせらずじっくりと関係性を育むとよいでしょう。

【恋人】正位置

好奇心が大きく育っています。目の前にある事柄で楽しみがあるかもしれませんね。

今あなたと一緒に行動している人は、自分にとって合う人かもしれません。自分にとってマイナスな人間が多いと感じるのであれば、勝手に相手は離れていくので気に留めないようにしていて下さい。

我が道を行くことを大切にして下さい。選択権はあなたが持っています！

【原因と心理状態・感情】

たくさんの誘惑があり決断するか迷っています。
好意を持ちなんとか関係性を作りたいと強く願っています。
感性が合い、話が盛り上がり、楽しい時間があった過去からひかれあう状況のようです。
気分は春のように心が踊り、未来に期待しています。

【性質・性格】

人懐っこい人 / やさしいく明るい人 / 警戒心がない人 / 人見知りはしない / 流されやすく情にもろいところがある / 話が上手で退屈しない人

【アドバイス】

人に対してこういった感じがすると思った直感は大切にしてその感覚に従うといい時です。
相手がどのように今感じているのか、感情の確認をすることを怖がらないでください。
ゲームをするような感覚で、楽しくさまざまな人と関わることもいいでしょう。
あなたが考えていることは実現する方向に行くでしょう。
人の評価に怯えず進んでください。
仲の良い友人に助けをお願いすることもいいでしょう。

0. The Fool 愚者

【愚者】逆位置

あなたに必要なのは大胆な行動力かもしれません。
行動を取るためには恐怖に打ち勝たなくてはいけません。自信のなさや気まぐれな態度は、目の前の現実に投影されています。なんとかなるという言い訳をしないことが今は大切です。

自分の行動を見直しましょう。
相手との距離感を大切にして下さい。
自分には能力がないと言い訳をしないようにして、少しずつ学びを深めていくといいでしょう。

【原因と心理状態・感情】

あの人はあんなにいい思いをしているのに、私はどうしてこんな思いをするのだろうか、という状況になっているかもしれません。
予測不能な状態でイライラしているようです。
引きこもり何を考えているかわからない状態です。
自分で考えられるヒントが欲しい状態。
自分という人物が分からない状態。
惰性的ですべてにおいてやる気が起こらない状態。

【性質・性格】

他力本願で責任は取りたくない人 / 気移りしやすい性格 / 無謀な思い付きをしてしまう / 自己中心的なところがあります / 信用はできない人

【アドバイス】

口先だけで物事を判断しないようにしてください。
人から忠告を受けたのなら、足元を見直さないと後悔することになりそうです。自意識過剰になりすぎないように、冷静な視点がいい方向へ導きます。
あなたは、本来人をあっと言わせる行動をすることができる人です。もし、無謀すぎることに挑もうとしているならば、作戦の練り直しが必要です。

【力】正位置

根気強く向き合ってきた事は実現します。
絆は力強く結ばれています。その絆を信用していきましょう。そして相手にも言葉を使って確認をしてあげて下さい。

自分自身も相手も幸せになっていくというイメージを崩さないようにしていきましょう。

思慮深い考え方はあなたがとても誇るべきことです。自分自身の葛藤を人に言えずに、ただひたすらに忍耐をしてきたかもしれません。

【原因と心理状態・感情】

感情はあまり外に出さないが内側には強い思いを秘めています。
他への慈しみと愛情が深い状態。
運命に翻弄されない意志を強く持ちたい願望。
忍耐力があり自制心が働いています。
環境を乗り越えて気持ちが通じ合う状態。

【性質・性格】

努力家で辛抱強い人 / あきらめない意志の強さがある人 / 活力あふれる人 / 義理堅いところがある人 / バイタリティーがある人 / わがままな一面があり感情をコントロールできなくなる時がある

【アドバイス】

自分の感情をコントロールできないと苦しいかもしれません。
他人はあなたがそこまで苦しんでることに気付いてません。
感覚の麻痺にならないように対策を。
自分自身の苦しみをなるべく外に言葉にして出し、他人に相談しながら進めてみて下さい。
今の状況が、ようやくなんとかなってきたと自覚している時かもしれません。長期戦にはなりますが結果はいいようです。勇気を奮い起こして下さい。

2. The High Priestess 女教皇

【女教皇】正位置

１人の時間を大切にしてゆっくり自分のこころの声を聞きましょう。
自分の感性を丁寧に育てながら人との付き合い方を見直していきましょう。

真面目なあなたは他人に対して考えすぎてしまう時があったかもしれません。
新しい感覚を取り入れていく事を大切にして下さい。

自分自身の感性が今とても磨かれている時です。
人に対してとても優しくアドバイスができます。

【原因と心理状態・感情】

相手の行動を、一つ一つ細かく神経質に見てしまっている時のようです。
話のそりが合わなくて苦しいことがあるようです。
ルールを守り自分が安全であるか常に確認をしています。
精神的なつながりを感じ、安心しています。

【性質・性格】

几帳面な、落ち着きがある人 / 細かいことにこだわる性質 / 合理的な考えがあり、冷たい人と思われがち / 慈愛の精神がある人 / 感情表現が少し苦手 / 知性的で上品な人 / 目立たないが教養がある人

【アドバイス】

あなたは繊細な感性を持っています。見るもの聞くもの、すべてが自分の栄養になると信じ、様々な視野を広げてみると良いでしょう。
自己表現が大切です。あなたが考えていることを相手に伝えることを、言葉が足りなくても、怖がらずに、少しでもいいので伝えてくださいね。
丁寧な行動は必ずプラスになっていくでしょう。
あなたの周りの人達は味方も多いはずです。

【審判】正位置

望んだ結果になりそうです。今の関係性は困難があったとしてもきっと一つにまとまっていくでしょう。

今まで失敗があったならば再出発をし、改善する良いタイミングです。自らを改め正しい道を歩もうと決意した時、きっと道が開けて行きます。

信念を持ち「自分はこういった関係を築きたいんだ」と自覚したとき、良い未来が来るでしょう。

相手の本質を知り、自分の本質も理解するいい時なのです。

【原因と心理状態・感情】

努力してきたことが報われる。手の届かない人との接点ができた状況。関係性の結論が出る・出せる。困難を一緒に乗り越えてきた過去がある。決断して行動しようとしている状況。
絆を実感する出来事があった。むかし縁があった人の再会。

【性質・性格】

強い意志を感じる人 / 感情表現は少ないが誠実な人 / 答えを求めている人 / 決断は早い傾向がある / 自分の価値観がしっかりとある人 / 運がいい人 / 相手の幸せを考えられる人

【アドバイス】

その関係性は周りから祝福されます。
過去から今に至るまでの行程を見直すと良いでしょう。
もし今から進むことに不安になるならば、自分はこういった状態の未来が欲しかったんだと声に出して下さい。
あなたがすべきことは、自分の中にある答えを信じて決断を下すことです。答えを出すことを恐れずに自信を持ちましょう。
今までいろんなことを考えて行動してきた結果が今目の前に現れています。
自分の考えが現実化することを恐れずに受け入れていく気持ちを持ち、穏やかな心を育みましょう。

15.Desire 悪魔（欲）

【悪魔】逆位置

自分と相手との距離感がわからず気持ちが揺れる時です。本当に自分のこころの声を聞くことは難しい時かもしれません。

自分達は悪くない、そういった考えが頭にあると事態はさらに悪化します。

自分にも悪いところもあったかもしれない、という相手の立場になった考え方を持つことで事態は非常にスピードを上げて解決していきます。面倒だ、もういいと投げやりにならないで下さい。

【原因と心理状態・感情】

嫉妬と独占したくて仕方ない状況。肉体関係への依存。
相手の言いなりになっている状況。執着がなかなか手放せない。
イライラしてしまい八つ当たりしている。享楽的に遊びたい。腐れ縁。

【性質・性格】

気移りしやすい人 / 言動がころころ変わる人 / 怠け癖があり、やる気がない人 / 他力本願で努力は無駄だと考える傾向がある

【アドバイス】

自分都合ばかりの考え方では回ってはいかないのです。「あの人にはあって、私にはない」というところから解き放たれるようにしましょう。
嫉妬心や独占欲はみんなが持っています。その部分で苦しまないようにするためには、「客観性をもってみよう」と、まずはこころに言ってみてください。
周りを無視した行動、それは暴力に近いものなのです。それは巡り巡って自分を傷つけていくことになります。
本当にあなたに必要な人でしょうか？　深呼吸をして立ち止まって考えて下さい。

【隠者】逆位置

一人で孤独を感じてどうしようもない時かもしれません。こころが分かちあえず、さみしい気持ちが押し寄せてきます。

自分が他人と関係性を求めている、その願望は尊いものです。少しずつ自分から心を開く練習をしていきましょう。

そのためには自分の足元を照らしていくように、一つ一つ自分のことを他の人に伝えていく練習をしていきましょう。長い期間の関係に疲れていないでしょうか?

【原因と心理状態・感情】

相手の立場を考えられない状況。
不平不満が多く愚痴をいつも言っている。
こころが通い合わずさみしい気持ち。
意地悪になってしまう、または意地悪をされてしまっている状況。

【性質・性格】

頑固で偏屈な人 / 意地悪なところがある人 / ひがみがつよく嫉妬をいつもしてしまう人 / 独りよがりで人の意見は聞かない / 偏見を持ちすぎる人 / 自分より教養がない人を見下す / 権力に弱い人

【アドバイス】

自分自身をより外に表現することは、他人を理解していくことにつながりますので、より豊かな人間関係の構築に役に立つはずです。知識と知恵は、人間関係を円滑にするための潤滑油のような役割をしていきますが、使い方によってそれは人に対してとても不快感を与えてしまうということを知りましょう。
自分の知識のバランスをとるためには、少しずつアウトプットしながら、人に確認し意見をもらうことから怯えないことなのです。人の意見を受け入れることで未来が開けていくようです。

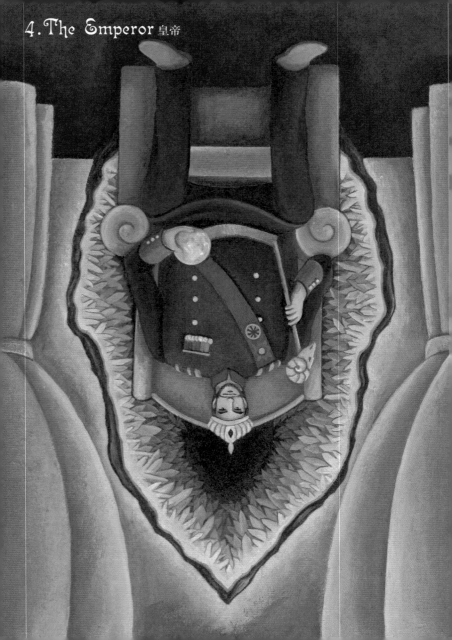

【皇帝】逆位置

自分自身の決断を信じ、自分の未来はあると声に出した時、人生が開いていきます。

もし、ひどく傷つけられていることがあるならば、直ちにその現場から逃げていきましょう。そうすることで相手を傷つけるのではないかと不安になるのではなく、まず自分自身を守ることを大切にして関係性を見直すことです。

そうすればきっと未来は明るくなっていくはずです。

【原因と心理状態・感情】

自分の感情がコロコロと変わっていき、不安定な精神状態。
精神的な弱さや、未熟さが表面化している時。
認められたくて仕方ない心理状態。
自分自身に自信がない状況。
否定され怒りに満ちている状況。

【性質・性格】

高圧的な言動が多い / 亭主関白なところがある / 乱暴なところがあり、強引な性格 / 融通が利かない人 / 頑固で、人の意見を拒否してくる

【アドバイス】

相手にコントロールされているのであれば、その関係性は今すぐ改善をする必要性があります。もし、相手との距離感がつかめなくて苦しんでいるのであれば、逃げるということも大切なことです。周りの人を頼っていきましょう。
自己中心的にならず、暴力的にならないように、気をつけたいところです。中立的な立場を維持すると心に決め、ルールをしっかりと定めて決めていくことで、安心と安定が手に入れられるようです。
自分自身に自信がないという言葉が口癖になっていませんか? 自信とは他者との比較ではなく自分の決断を信じることでもあるのです。

12. The Hanged Man つるされた男

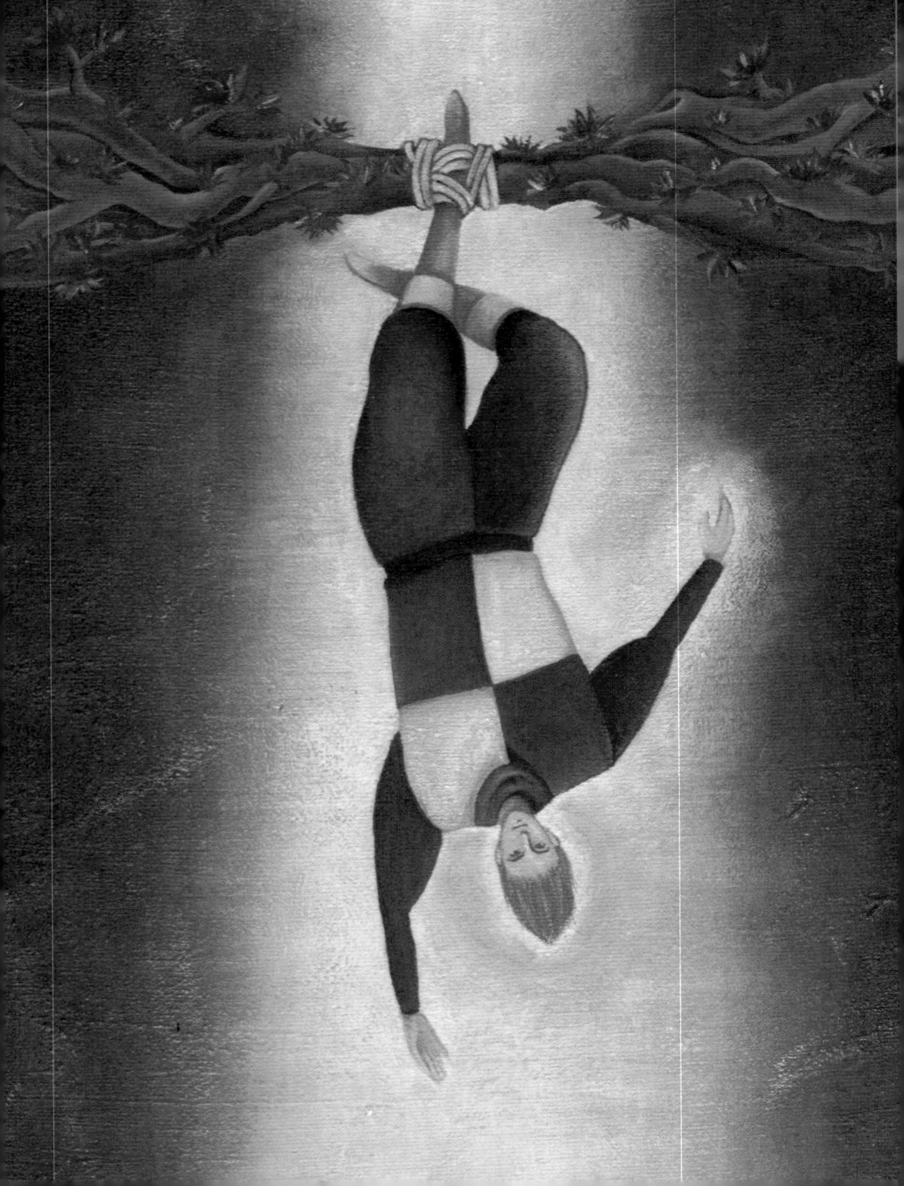

【つるされた男】正位置

今まで放置をしていたり、自己犠牲をたくさんしてきたならば、その結果が実っていくようです。

今まで苦しいと感じながらも同じ環境から抜け出せないと嘆いていたならば、環境を変えるいい時なのです。
ひらめきを大切にしてください。

自ら望んだ試練かもしれませんが、あなたの出した答えは悪いものにはなりません。
待つということも大切な行動の一つなのです。

【原因と心理状態・感情】

行き詰まりを感じている。マンネリ化して刺激が欲しい状態。
身動きが取れない苦しい状況。不安定な精神状態。
相手に尽くしている状態。障害は多く助けが必要な状況。

【性質・性格】

我慢強い人 / あまり口数が多くない / 反抗しない、なすがままの人 / 意見を言おうとすると言葉につまるところがある人 / 悩みが尽きない人 / 努力家で苦労人 / 答えがでるまでじっと腰を据えて考え抜く傾向がある

【アドバイス】

今まで相手に対して尽くしてきたことや、行動してきたことを無意味に感じている時かもしれません。
ですが、相手に伝わらないと嘆くのではなく、どうしたら相手に伝わったのだろうかと考え方を変えるいい時なのかもしれません。その時には、ものすごくいい作戦が思いつく可能性が高いです。
ですが、それが忍耐という形になり苦しくなるのであればその忍耐は終了させて下さい。
関係性をゼロに戻しても、まだたくさんの関係をあなたは一から作り上げることができます。
耐え忍ぶ冬は長い間ではないです。必ず好転していきます。

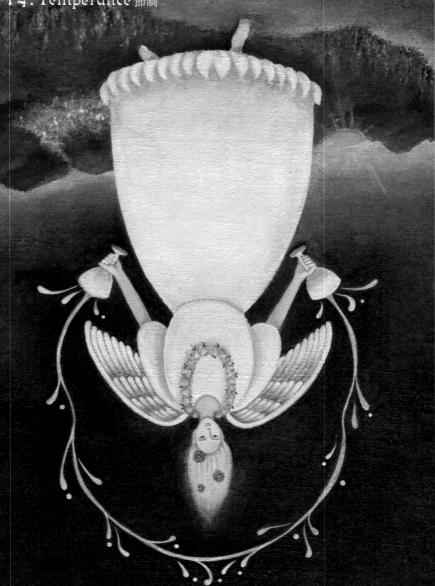

【節制】逆位置

今のあなたは、注意が散漫になっている時かもしれません。
自己評価を低く見積もりすぎてはいないでしょうか？

あなた自身は安定を常に望んでいます。
喧嘩をしたくない時かもしれませんが、自己表現ということから逃げなければ、平和な日々が訪れるはずです。自暴自棄にならないように気をつけましょう。

他人の影響を受けすぎないように意識することが必要のようです。

【原因と心理状態・感情】

つまらない人生だと嘆いている状況。
無感動でマンネリしている。生活リズムが狂う。
振り回されて疲れている状況。金銭関係、人間関係のトラブル。

【性質・性格】

想定外を嫌う傾向 / 自分の器以上のことを欲しがる / 責任は取らない人 / 計画がうまくいかないとイライラする人 / 表現することが苦手な傾向 / 良心をあまり感じることができない人 / お金にルーズなところがある人 / 家族間に問題がある傾向

【アドバイス】

自分にとってマイナスな環境は改善まで時間がかかるようです。
それまでは自分の今の状況は一番最低だと考えるかもしれません。
実際に最悪な状況だとしても、そこから現実的にはまだ良いところというものも見つかります。
常に何かが「足りない」と、とらえるのは終了しましょう。
自己中心的な考えは状況をマイナスな方向に展開させます。
人間関係に疲れた時は休息するというのも大切なことです。
時間をかけ休息し、そこから関係性を改善していく行動をしていきましょう。

1. The Magician 魔術師

【魔術師】正位置

社交的になるいい時です。
自分自身が器用貧乏になる必要はありません。
人を観察する力を身に付けるいい時です。

人はいろんな面を持っています。あなたに見せている一面だけにとらわれるのではなくて、多角的に見るように心がけてみましょう。
どんな人と交流し、関係性を作りたいか明確にしていきましょう。あなたは人を引き寄せる力を持っています。

【原因と心理状態・感情】

物事が動き出している状態です。人との交流が活発な状況です。
新しい恋愛の芽生えがあるようです。
感性があう方との出会いがある、またはあった。
すべての出来事を自分でコントロールしたい状態です。

【性質・性格】

社交的な前向きな人／基本的にはやさしい人／好奇心旺盛でロマンチスト／いろいろなことを知りたがる／器用に尽くす、要領が良く頭がいい／人気があり目立つ人

【アドバイス】

様々な物事を吸収することは大切な時のようです。
八方塞がりのような気分になり、私のことを理解してくれる人はいないかもしれないと、怖がらなくても大丈夫です。
自分がもっと気にかけてもらうために「こうしてほしい」という意見を言うことを怖がらないで下さい。
自分はまだ何も達成できてない、足りない、足りない、と思うことを少しやめてみましょう。
あなたはとても器用で周りに対しても人一倍気を遣ってきたかもしれません。その気遣いはみんなが分かっています。

17.The Star 星

【星】正位置

この関係性を前向きに構築していきましょう。
あなたにとってこの関係性は学びであり、そして頼れることになるようです。

人と会う時間を大切にしてください。会話を楽しんでください。
理想的な現状があるならば、確信をもって行動してくださいね。

前向きな情報収集をしましょう。
知識と知恵が湯水のように湧いてくる時なのです。

【原因と心理状態・感情】
物事が順調に動き出す状況。結婚など将来を考えていける状況。
直感が働き幸運を引き寄せている。自信を持って行動しようとしている。
自分の理想の相手に出会った状況。一目ぼれしている。

【性質・性格】
元気がある人 / 人に対して優しい人 / ポジティブな発想の持ち主。
落ち着きがあり周りから頼りにされている人 / 現実的な考えがあり、地に足をつけている傾向がある / 知的な印象がある人

【アドバイス】
自分自身で自分の知恵を育成し、しっかりと現実的に使うことを意識しましょう。あなたは考える力をしっかりと持っています。
自分が分からないという言葉で、自分の考えを止めてしまってはいませんか。
あなたはこうしてちゃんと生きてくることができました。その過去を大切にして、今から前を向き、希望を見出すことが必ずできます。
自分が大切だと感じる人と幸せになるイメージを持ってください。
現実的な事柄を優先して解決すると、よりよい未来になるでしょう。

【運命の輪】逆位置

急激な変化や避けられない状況になるかもしれません。何かトラブルに巻き込まれてしまわないように気をつけましょう。

今は好ましくない状態だとしても少しずつ、変わっていきます。その人との関係性でタイミングが合わないと悲しい時かもしれません。

ちゃんとチャンスは巡ってきます。
そのための準備をしておくことが大切です。
悲観的にならず、焦らないことです。

【原因と心理状態・感情】
不安が的中して、ふさぎこんでいる。
チャンスをのがした過去。
非常識な態度、投げやりな態度を取られている。
気持ちがすれ違っている状況。

【性質・性格】
空気が読めない発言をする人 / 敵を作りやすい、誤解をされやすい人 / 投げやりでミスが多い人 / ずるい人 / 快楽主義者 / 極度なネガティブ思考の持ち主

【アドバイス】
あわてないことが大切です。
心を改めた態度が求められます。
一時的な不運があっても、禍を転じて福と為すところがあるため、あきらめないことです。
ただ傍観するだけでは状況は変わりませんので、どういう作戦を立てていい状況にしていくかという行動が、非常に大切になります。時系列で考えて進めて下さい。

【塔】逆位置

発想を変えて物事をとらえましょう。自分自身がいけ
ないというふうに自分自身を責めないでください。

事態はご自身が思う以上に予想外なことで変わって
いく可能性があります。
何が起こっても平常心を保とうと深呼吸をして日々
過ごしていくことが大切です。

流れに逆らわないことも大切です。あっけにとられて
いると、取り残されてしまい、寂しい思いをしそうで
す。

【原因と心理状態・感情】

悪いほうばかりに考えてしまう。
誤解から相手との距離ができてしまう状況。
窮地に追い込まれている状況。
自信がなくなり、精神が不安定な状況。
暴力を振るわれた・または振るわれている。
寂しすぎて生きている心地がしない。
事態が悪化しているのに気が付くのが遅すぎた過去。

【性質・性格】

誤解をまねきやすい人 / トラブルメーカー / あきらめている人 / 短気な
人 / 支配的な考え方の人

【アドバイス】

思い上がって失敗して、大混乱しないように対策をしていきましょう。
関係性は見直しを。距離を作り逃げることも大事です。
心身の休養が必要かもしれません。
謙虚な姿勢で問題を先送りせず取り組むこと、楽観視しないことが大切。
発想の転換期！です。
助けを躊躇せず呼んで下さい。
短絡的な判断にならないように考えてスピーディに動きましょう。

7. The Chariot 戦車

【戦車】正位置

自分にとって好都合な条件がやってきます。

理想的な出会いがあるでしょう。

自分自身に負けないで、目の前の事柄に立ち向かい行動すればいい未来が待っています。

人間関係において、自分の味方が周りに寄ってくるでしょう。ライバルという存在はあなたの元から去って行くようです。

チャンスを手にする時です。

行動力がいい結果を生み出します。

【原因と心理状態・感情】

気おくれしない過去。

気持ちがあふれんばかりで、全身全霊で行動している。

情熱的な感情がある。

急いで答えを求めている状況。

障害を乗り超えたい強い願望がある。

【性質・性格】

まっすぐな性格 / 負けん気が強く勝気な性質 / 思い込みが激しすぎるところがある人 / 猪突猛進なタイプ / 周りが見えなくなる性格 / 強い精神力がある人 / 情熱的で体力がある人

【アドバイス】

自分自身の行動ややる気は、人になかなか伝わらない時もありますが、自分自身を信じてしっかりと行動をとっていくと後々には評価されるでしょう。

周りがあなたに対して合わせてくれるようになるためには、どのように行動したらいいかを考えて下さい。

自分の意見をしっかりとまとめ、行動計画を立てましょう。

未知なるものへ挑戦し、自分の人生の主導をとるといい時です。

スピード感よく物事に対応すると、将来の展望が明るいです。

勇気を持って突き進めばライバルに勝てるでしょう。

8.Strength 力

【力】逆位置

あなたは今置かれてる立場に、感覚が麻痺していませんか。自分自身をちゃんと大切にして、まずは少しずつ深呼吸することから始めて下さい。

あなたには現実を作り出す力が備わっています。
勇気を持って行動して下さい。
相手への要求をしすぎたなら、改善を。
信用を取り戻す行動をして下さい。

精神的なダメージのケアをして、力を蓄えましょう。
依存ではなく自立することが求められています。

【原因と心理状態・感情】

精神的に弱くなっている。
強情なところがあり、人に対して攻撃的になっている状態。
自惚れから現実が見えていない状況。
自分では無理だと思い込む過去がある。
不信感があり、いつも考え込んでしまう状況。

【性質・性格】

切れやすく感情をストレートに表現してしまう人 / 強情で強引に物事を進めていく人 / 精神年齢が低い人 / 短気で情緒不安定なところがある人 / 卑屈になる人

【アドバイス】

臨機応変な態度を求められます。
逃げ道を何とか作りたいかもしれませんが、今は正面から立ち向かうことで状況を打破できそうです。
もともと気持ちが強い人です。感情に流されないように進めて下さい。
感情をコントロールして、今考えている対策は再検討する必要があります。
自分の弱さとは何か？と自問してみると解決策が浮かんでくるようです。
皆、自分のなかに暴走しそうになる獣を飼っています。その獣は自分を愛することで飼いならし、味方にすることができます。

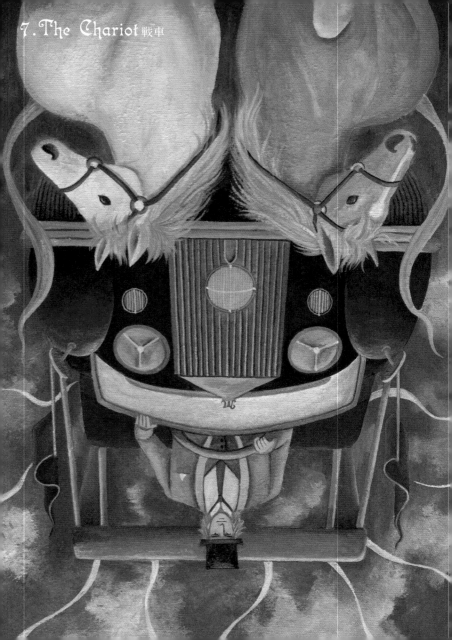

【戦車】逆位置

今の状況に怒りの感情の歯止めが効かない時かもしれません。周りに振り回されて非常に苦しい立場かもしれません。

必ず事態は改善できます。
一つ一つ丁寧な言動に変えましょう。
人生は勝ち負けではありません。次が必ず用意されているということを信じてみて下さい。

自分の思い込みにとらわれていたかもしれません。
感情がコントロールできず自暴自棄になる時かも。

【原因と心理状態・感情】

少し後悔している時かもしれません。
口ばかりで動けない状況、文句や言い訳が多い過去。
他人を無視した行動をした過去。言葉が乱雑になっています。
挫折や失敗からの屈辱、尽くしすぎて疲れている状況。
あなたは少しだけ休憩が必要な時です。

【性質・性格】

助言が耳に入らない人 / 聞いているようで聞いていない人 / 熱しやすく冷めやすいところがある人 / 攻撃的なところがある人 / 思い込みが激しいところがあり冗談が通じない / 独りよがりになり猪突猛進してしまう

【アドバイス】

「自分はちゃんと考えを持っていてしっかりと生きていける」と声に出してみましょう。自分に言い聞かせていくことで自分自身を一番の味方にし、力強い行動に移していけます。
他人に対しての比較にとらわれないようにする時でもあります。「自分がどうしてこの状況にいるんだろうか」と考えて、現状に向き合ってみてください。相手との小競り合いに負けた気持ちになっているかもしれません。その小競り合いは本当に必要な小競り合いだったでしょうか。
自分自身に落ち度がないか見直して下さい。

【死神】 正位置

大きな方向転換は吉となります。
白黒をつけ区切りをつけるいい時です。

自分自身の人間関係やいろんな物事に学びや別れが
あるでしょう。大きな変化に戸惑うかもしれません
が、許す気持ちを持って前に進んでいきましょう。

疲れている時かもしれません。体を休め、こころを休
め、次への英気を養いましょう。

慣れ親しんだ考えや関係性を終わりにすることは苦
痛が伴うかもしれません。

【原因と心理状態・感情】

過去にしがみついていて行動できない状況。
自分で物事をややこしくしている。
白黒はっきり答えがでる。心変わりをしている状況。
相性があわない現状は悪化する。

【性質・性格】

マイナス思考が強い人 / 思い込みが激しく、自己完結的で、まわりに迷
惑をかける傾向がある / 感情表現が少ない人 / すぐ泣いてしまう人 / 無
口な人

【アドバイス】

関係性において、何か復活があるのかもしれないと考えるかもしれませ
んが、躊躇しないで決断し、終わりを迎えることで新たな境地が必ず開
いていきます。
あなたが求める関係性のゴールは何でしょうか。そのゴールに遠く及ば
ないのであれば作戦を練り直し、今の状況を終わらせることがプラスに
なります。
お互いがプラスになっていくための必要な別れだってあるということを
認識していきましょう。
過去と向き合い未来に向けて進みだせば、必ず好転していくはずです。

18.The Moon 月

【月】逆位置

確かな手応えが欲しい、悩みを解決したい時かもしれません。

自分自身がその環境を引き寄せているとするならば、逆の状況も引き寄せることができます。

自分自身のこころは自分が一番わからなくなる時かもしれませんが、そんな時は周りの人に「私はどんな人間だと思う？」と聞いてもいい時なのです。
皆さんからの答えがあなたの中の真実や事実に蓄積されていきます。

【原因と心理状態・感情】

ごまかされる。秘密の関係が壊れる状況。隠されていたことが明るみになった状況。他人への思いやりがもてない状況。精神的にバランスを崩している状況。相手の都合を優先しすぎてしまった過去。共依存の状態で切るに切れない関係性。

【性質・性格】

中傷する人 / 嫌味をいう人の悪口を陰で言う傾向 / 優柔不断でいつまでも答えを出さない人 / 信用できないところがある人 / 依存してしまうメンタルの弱いところがある / 自立できない人 / 何を考えているかわからない人 / 本心を隠す人

【アドバイス】

あなたが立ち向かわないといけないのは自分自身の「恐怖心」です。
自分の本心がわからず、答えが二転三転してしまう時かもしれません。そんな時は深呼吸をして静かに落ち着きましょう。自分自身の感情が落ち着き、冷静になってから答えを出しましょう。
紙に思いつく言葉を書いてみましょう。そして不要な物を手放すとこころに言ってみましょう。真実を見極めることが大切です。苦悩はするようですが、本当の意味でトラウマが解決していきます。機転の利いた行動はトラブルを回避するのに有効でしょう。

【世界】正位置

あなたの独創的な世界を作っていきましょう。
個性がないと諦めないでください。
自分の世界を大切にしていくということは相手の世
界を認めるということです。自分自身の個性は何歳か
らでもいつからでも作り出せます。

貴方にいいことが起きるでしょう。周りと比較するの
ではなく、今ここに生きていることを大切にしてくだ
さい。自分自身の世界を作るために今の出来事が起
こっています。

【原因と心理状態・感情】

自分自身への幸せな結論が出せている、または、出す状況。
周囲に認められる関係。恋愛が実る。
楽しい生活への憧れがある。
相性がよくお互いの人生を尊重したいと考えている。
自分の個性が認められて評価が高い状態。

【性質・性格】

合理的な考えで安定志向の性質 / 周りに対して気を使える人 / 行動力が
ある人 / チームワークを大事にする人 / 周囲の状況をよく把握している
人 / リーダーシップがあり目立つ人 / 個性的な独特な世界観がある人 /
有名な人

【アドバイス】

周りと共に勝つという形で目標目的意識を持つと良くなりそうです。
自分を認めるためには相手を認めるという、お互いの共有を大切にして
ください。そうすることでトラブルは丸く収まる可能性が高いです。
人付き合いの中からアイデアが出てくる時、交流を大切にしてください。
現状の壁があるならば、あなたなら突破できます！
この世界は自由で愛にあふれています。あなたの人生に祝福が近いよう
です。

O. The Fool 愚者

【愚者】正位置

誰も自分のことはわかってくれないと嘆く必要はありません。
あなたが考えた行動は必ず成功する道筋になります。
自信を持って慌てずに進んでください。

旅に出るようにワクワクしましょう。
計画がないということは自由であるということです。
すべての出来事をポジティブにとらえていくことで
未来が創られます。

たくさんの経験があなたの人生にとって宝物になる
ようです。

【原因と心理状態・感情】

直感や感性を優先したい状態です。
忠告に対して聞く耳を持てません。
古い習慣に縛られていて、そこから解放されたい状況。
ゼロから何かを生み出したいと、そわそわしているようです。
ワクワクする出来事に出会い、こころが明るい状態。

【性質・性格】

大雑把な性格 / 子供のような無邪気な性質 / 理想が高く型破りな人 / 束縛を嫌う人 / 大胆な天才肌の人 / 一か所にいることができず、いつも夢を追いかけている人

【アドバイス】

ひとつひとつ歩みを進めていくといい時ですが、相手との協調性を無視して自分で突き進みすぎてしまうと、思わぬ失敗にあいます。
大いなる勇気を持って行動に歩み出しましょう。道はしっかりと用意されています。あなたが考えている以上に人は自由で大胆な行動はとれません。ですが自分がお手本になるように行動をしめしてあげると周りから協力をもらうことができるでしょう。何か新しいことをしてみたいと感じているならば、その直感にしたがって行動して下さい。

3. The Empress 女帝

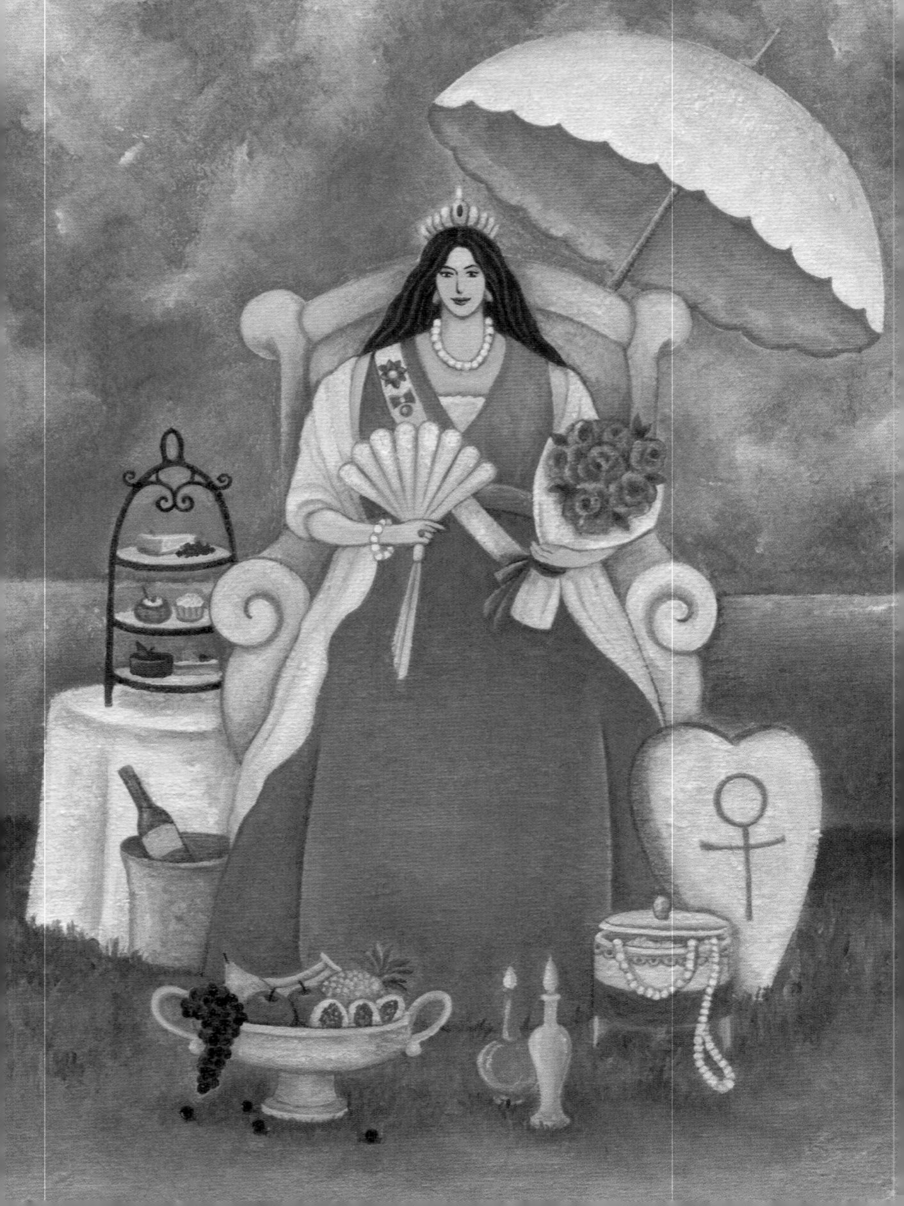

【女帝】正位置

自分自身が手塩にかけて育ててきた事柄が成功した
り実っていく時のようです。豊かさや楽しみや喜びが
入ってくるようです。それは自分自身が相手のことを
思い、そして自分自身のことを思い、行動してきた結
果です。

相手からアドバイスや助言を得られているならば、そ
れに感謝し受け入れることを大切にして下さい。
たくさんの恩恵をたくさん受け取りたいという気持
ちは持っていて人は当たり前です。喜びの感情を盛大
に表現して下さい。

【原因と心理状態・感情】

いい出来事があったようです。周りから助けられていい状態になるよう
です。
好きな感情を表現しています。母性本能をくすぐられる出会いがあった
ようです。
愛されていると実感できている状況です。
心が穏やかで安定した状況です。

【性質・性格】

やさしくおおらかな人 / 尽くす精神がある人 / 甘えることが素直にでき
る人 / 女としての生き様を謳歌する / 姉御肌で愛情に満ちた人 / 情にも
ろい人

【アドバイス】

豊かに包み込むような愛情を表現し、安定しリラックスしましょう。居
心地のよい環境を相手に与えて下さい。努力が実って、よりよい成果が
現れる時期が近づいてきています。今のまま進むべき。目の前の事に一
生懸命取り組めば必ず結果がついてきます。魅力が高まっている時です。
自分磨きを加速させて下さい。いま感じている幸せや楽しみに期待をし
てそれがずっと続いていくような気持ちになりましょう。

【法王】逆位置

常に情報をアップデートして、革新的に進んでいく時なのかもしれません。

あなたが、もし部下や後輩、年齢が下の人との、人間関係に悩んでいるのであれば、自分の言動で「彼らに良い影響を与えていきたい」と自分を追い詰めているのかもしれません。

自分はこういう風に見られたいという枠さえ丁寧に外していけば、楽な関係性を築けていけるはずです。偽りの自分で対応することは、ストレスがかかり非常に苦しくなっていきます。

【原因と心理状態・感情】

前例のないことに戸惑うかもしれません。
頭ごなしに否定されて傷ついています。
孤立する暗示がありそうです。
柔軟性にかけ、自分の首を絞めている状況かもしれません。
立場が上の人に対して、恐怖を感じる時。
環境や生活においてすれ違いが起こっているようです。

【性質・性格】

やや偏屈、無責任で他人任せな人 / 虚栄心から嘘を言う人 / うわべだけで考えが甘いところがある / プレッシャーに弱い、逃げ腰になる

【アドバイス】

見栄を張らず素直になりお詫びをすることは、関係性においてとても大切なことのようです。
自分自身の今までの過去にとらわれずに、新しい感覚をより学んでいきましょう。
世間体にとらわれる必要はありません。建前やおせっかいはしないようにしていきましょう。虚栄心をはらず、丁寧な対応を心がけるといい未来になるようです。相手を大切にしたい気持ちを表現して下さいね。

【皇帝】 正位置

力がみなぎっている時のようです。

関係性で考えれば、あなたとその人の関係性は、非常に強い絆が今から生まれていくでしょう。
非常に良い結果を生み出すようです。

あなたのその行動力は、周りから羨望の眼差しで見られています。

自分の存在意義を考えた行動をして下さい。
向上心を持ち相手に礼儀をつくして下さい。
条件のいい未来がやって来るでしょう！

【原因と心理状態・感情】
行動により好結果が得られている状況。
意欲的に困難に立ち向かっている過去や現状がある。
愛されるべきという思い癖がある。自らの力でほしいものを勝ち取る。
責任感やプレッシャーを楽しむゆとりが出てきている。
権力への憧れがあるようです。

【性質・性格】
情熱的な男勝りな人 / 男らしい人 / 厳しい中にも信念がある人 / 行動力はあるが、少しデリカシーにかける人 / 不器用だが、思いは強い人 / バイタリティーあふれる人

【アドバイス】
自分一人だけが行動していくことを、なぜかマイナスに感じてしまってはいませんか。過去を顧みながら、自分の目の前の道筋を見据えた行動をすることがいい未来につながります。
あなたが心に決めた行動をとっていくことで周りを説得することもできます。やみくもに動くのではなく、しっかり考えて行動するほうがよいでしょう。
悩みやピンチは一人で抱え込まず、周囲に相談すべき。
周囲を味方につければ目標達成を目指していけます。

【正義】逆位置

今あなたは過剰な思い込みをしているかもしれません。
厳格なルールに自分自身をがんじがらめにしている
時かもしれません。

人は予想外にルールを破ります。
自分自身が真面目で、正直になりすぎたという風に、
みじめに感じる必要はありません。その真面目さゆえ
に柔軟性が欠けている時かもしれません。

深呼吸をして少し頭を柔らかくし、心を穏やかにする
時間を取りましょう。

【原因と心理状態・感情】

信じられたい、信じたい間で揺れている状況。
妥協しなければいけない。独りよがりで苦しい。
オープンにできない関係性。冗談が通じにくい。
相手への不満が募っている状況。
感情的になりすぎて、妄想が激しくなっているとき。

【性質・性格】

常識を考えない人 / 世間体ばかり気にする人 / 自己都合ばかり優先する
ところがある / 理想が高すぎる人 / 偏見があり秘密を持っている人 / 利
己主義で人を利用する人 / 冷静さがたりないところがある人

【アドバイス】

冷静に答えを出しましょう。独断と偏見で答えを出さないようにして下
さい。
社会的なルールや常識は時としてこころを苦しめていきます。
人として生きていくためには必要なルールなのかもしれません。
ルールが通用しないような人たちに苦しめられているのであれば、距離
をとっていいのです。
間違いないと過信し過ぎるのはトラブルになるようです。

10.wheel of fortune 運命の輪

【運命の輪】正位置

自分が望んでいた状況が、今この瞬間に起こっているようです。または近い未来に自分の望む状況が起こっていくでしょう。

自分の今までの行動が、今の現状につながっています。いい状況は止まるのではなく常に変化していきます。いい状態が止まってしまうのではないかと不安にならないようにすることがとても大切な時です。

タイミングやチャンスはたくさん目の前に転がっているものです。

【原因と心理状態・感情】
出会いがある・まさに今出会えた。一目ぼれしている。
本能で相手が気になっている状況。
ラッキーなお知らせが来た、または来る。
誤解が解けて、理解が進む状況。
考えの転換期、視野が広がっている状況。

【性質・性格】
タイミングの合う人 / 空気が読める、気遣いができる人 / 向上心が強く、即答する性質 / 明るい人 / 自由を愛する人 / 人を楽しませるユニークな発想の持ち主

【アドバイス】
ポジティブな状況をずっと楽しみたいと、こころから思えばその状況は守ることができます。
終わりがないのではなく、常に終わりと始まりは繰り返しながらあなたの人生を彩っています。
不安感から慌ててしまう時があるかもしれません。ですが、ポジティブに考えていけば良い状態が巡ってきます。とんとん拍子に物事が動きます。先手を打って行動するといい結果になります。
素直な感情を大切にして表現して下さい。

【塔】正位置

今ある関係性も全てを手放すいいタイミングです。
劇的な変化が訪れるでしょう。

自分が思う以上に周りは全く気付いていないのかも
しれませんが、いつか真実があらわになり、自分の足
元から物事が覆される時が起こるかもしれません。注
意をしましょう。目の前にある事の見直しをしてみま
しょう。

自分で危ないなと感じたならばその感覚に従って行
動を取って下さい。

【原因と心理状態・感情】

失意に沈んでいる。周囲と対立している。
解決策が見つからず自暴自棄になる。
避けることができないトラブル。
家族や親近者との別れや離別。突然の別れ、問題が急に浮上した。
周囲の反感を買う態度をしている・またはされた。

【性質・性格】

自分のことがわからない人 / 人を物のように扱う / 他人に厳しすぎる人

【アドバイス】

相手の予想外の答えに戸惑っている時でしょう。
どれだけ考えたとしても、無駄に終わってしまったかのように感じる時
ですが、このマイナス点は必ずプラスに向かうための痛みです。
発想を変えて行く事は勇気が必要ですが、その勇気は後々に素晴らしい
英断であるとわかってくるはずです。
人は傲慢になった時に、足元をすくわれたりすることがあるのかもしれ
ません。
今は計画の練り直しや考え方を構築するいい時なのです。

1. The Magician 魔術師

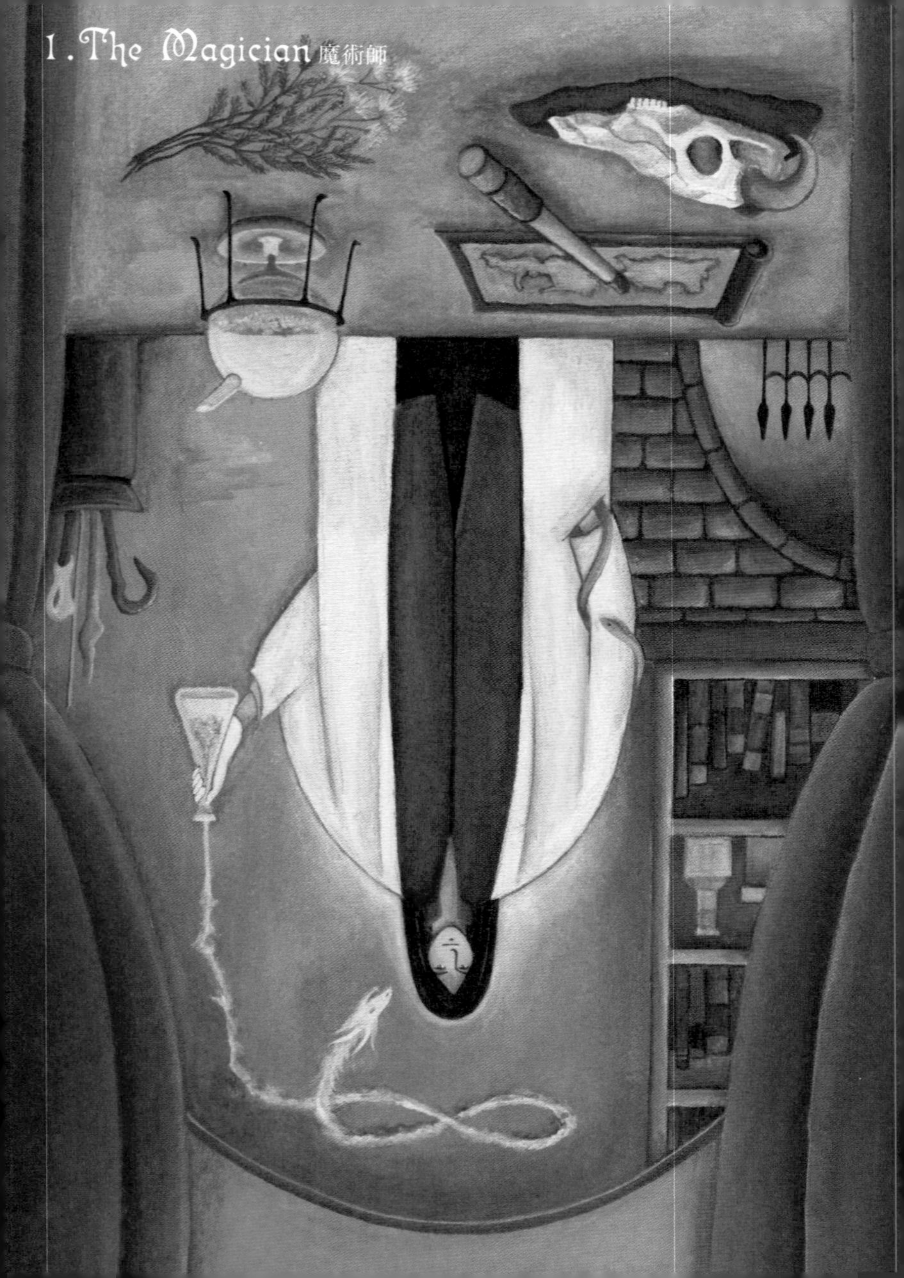

【魔術師】逆位置

今までの関係性が、裏切りや嘘だったのではないかと
思うことがあったかもしれません。
自分自身で事実を確認することは、とても大切な作業
の一つですが、猜疑心に苛まれて、何も出来なくなる
のであればやめましょう。
何もなくなってもまた1から作り出すことはできま
すし、その作り出す未来に大いなる期待をしていくべ
きです。人を選んで付き合うことを怖がらないで堂々
として下さい。

Message

【原因と心理状態・感情】

未熟で失敗している状況。
ぐずぐずしてチャンスを逃してしまった状況。
調子に乗って自分のできないことを引き受けてしまったり、無理をして
いる状況。
嘘をついてなんとか事態をおさめようとしているようです。

【性質・性格】

八方美人 / 嘘つきで上辺だけなところがある / 社交辞令が上手 / 快楽主
義なところがある / 自分のことがわからない / 感情が薄く反応ができな
い人 / 何を考えているかわからない人

【アドバイス】

自分自身に本当に必要な人や、本当に必要なものは何であったかを見直
していきましょう。
八方美人にイライラしている場合ではありません。
人はあなたのことをあまり快く思っていないかもしれません。
自分の行動や言動を見直してみる必要性があるようです。
見直す必要がないならば、自分が今から気を付けなければならないとい
う、大切なメッセージとして受け取って下さい。

【節制】 正位置

自分の周りの人間が、信用できるか信用できないか
と、疑心暗鬼になる時ではありません。

あなたが今まで築き上げてきた人生は、誰にも否定さ
れることではないことをこころに留めておきましょ
う。

あなたに起こった一つ一つの出来事を丁寧に見直し、
それを宝物として 人生を振り返る時。

周りの人々に対して感謝の気持ちが湧いてくるで
しょう。

【原因と心理状態・感情】

生活環境や会社環境など、外的要因の変化があります。
関係性の構築が良好に進む。安心や完璧を望んでいる状態。
穏やかで、感情の起伏が少ない心理状態。
実際に口にしなくても感謝の気持ちが常にある。

【性質・性格】

安定安全志向の持ち主です。極端な変化を嫌うでしょう / その一方で、
何か変化もしていきたいと野心的な自分がいます / 節度のある人 / いろ
んな意味で大人 / 中性的な人 / オールマイティな人 / 何度も確認しない
と不安になりやすい傾向がある

【アドバイス】

自分の現状を紙に書いて客観的にとらえて考えて下さい。
いつもと変化のない日常に大切な気付きがあるはずです。
心身と行動のバランスを取り無理をしない事もいいようです。

19. The Sun 太陽

【太陽】正位置

幸せや喜びをストレートに感じやすい時です。
自分の地位や名声が上がっている時かもしれません。
素直に喜びを表現しましょう。今チャンスはあるよう
です。自分自身のチャンスを生かすところに決めて
行動力を高めましょう。

恵まれた環境にあるかもしれません。その時は誰かの
何かのおかげでその環境にあるのかもしれません。そ
こに意識を向け感謝をして下さい。

【原因と心理状態・感情】

積極的な行動のおかげでチャンスをつかんでいる状況。
若さがある、困難をしのげる力がある。
やがて来る幸せに期待している状況。
自己信頼と幸福感に包まれている状況。
自分の行動や容姿に自信がある。周りから応援される状況。

【性質・性格】

人情には厚い / 子供じみたところがある人 / 純粋で素直な人 / 人のため
に本気で動くことができる人 / 損得勘定は嫌いな傾向がある / 天真爛漫
/ 天才でカリスマ性がある人 / 笑い上戸で笑顔がかわいい人 / 我慢強く
バイタリティがある人 / 明晰な分析力と思考力を持っている

【アドバイス】

とても幸せになるための道筋が整っています。
このままの関係性を維持していくために、自分の時間の使い方や日程な
ど、約束事のチェックをしてみてください。
あなたは相手にとって陽だまりの存在です。常に明るくいなきゃいけな
いと、自分にプレッシャーを与えるのではなく、考えすぎずに。ただ、
あなたがその場にいるだけで周りは明るくなっているのです。
自分という存在をしっかり大切にしてあげて下さい。
あなたは過不足無くそのままで大丈夫なのです。

13. Thanatos 死神(終焉)タナトス

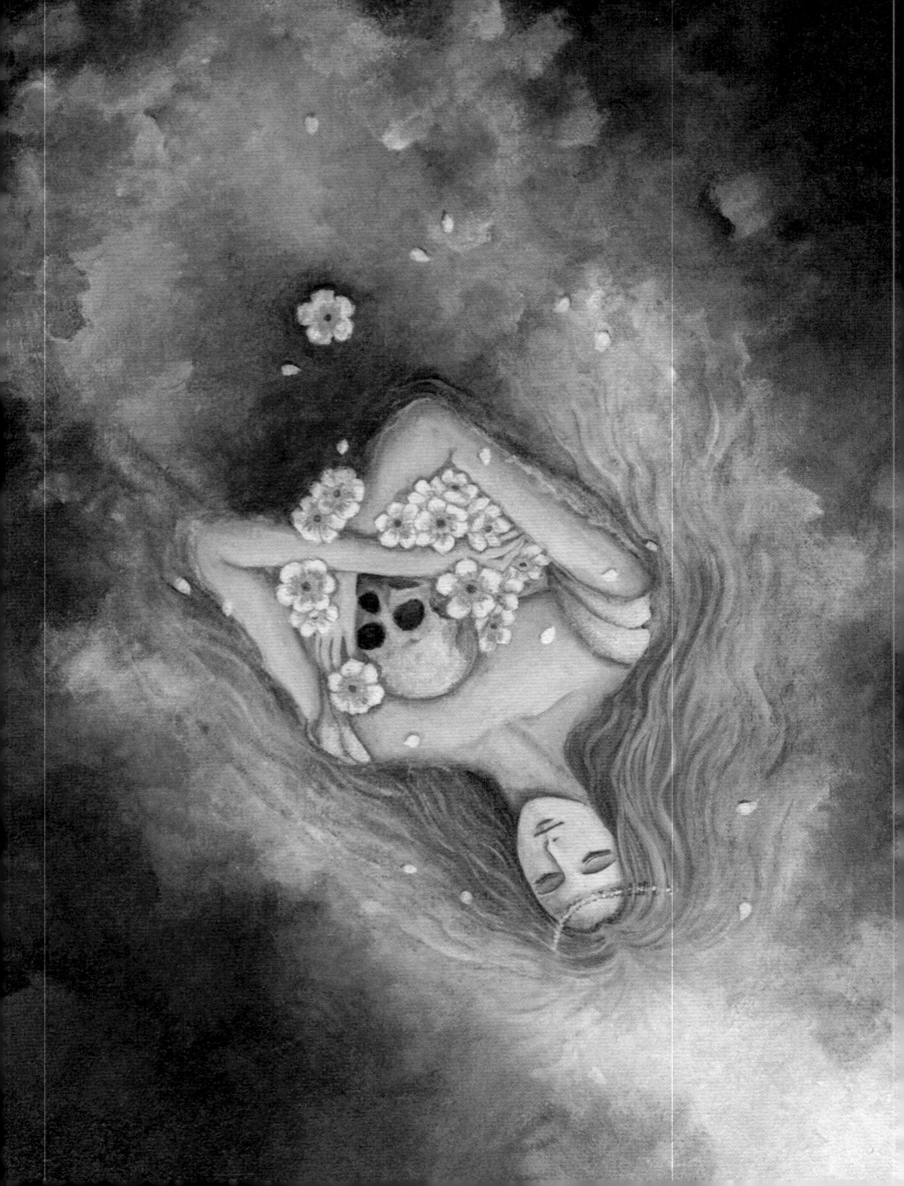

【死神】逆位置

今マイナスな状況ならば、その状況はようやく終わりを告げます。今まで苦しかった人も解放されるでしょう。

問題を正面からとらえて行った時に必ず好転していきます。

再スタートできます。周りの人にあまり遠慮せずに、自分自身でリセットをかけることを怖がらずにやっていきましょう。

運命のいたずらで起きたチャンスをものにして、ここから巻き返しを！　新たな出会いに期待して下さい。

【原因と心理状態・感情】

真実が見えて来る・見えて来た状況。
自分の本心に気付き行動している。
努力は報われる。復縁が叶う・もうすぐ復縁する。
誤解が解けていく。心が穏やかに、静かに日々を送っている。

【性質・性格】

感情表現が苦手だが、根本的に悪い人間ではない／泣き虫で感情表現が豊か／縁の下の力持ちタイプ／人の役に立ちたい奉仕の精神がある／人には言えない過去を抱えている傾向がある

【アドバイス】

前向きな気持ちになる。過去への執着を手放すとき。
潔く手放すことで本当に価値があるものを手に入れる。
忍耐強く時期を見て、結論は急がないことで立ち直るチャンスが来ます。
関係性の再構築がうまくいく暗示です。答えを急がないことで本物が育ちます。
今までの障害がなくなる時です。人の助けも借り進めていくといいでしょう。
弱気にならず、勇気を持って下さい。

【恋人】逆位置

自分自身の直感が正しいか分からなくなっているかもしれません。怖くて、苦しくて逃げ出したいことが押し寄せてきているようです。

選択をしていくためには、さまざまな情報を知ることは大切なことですが、迷いすぎて答えが出なくなる時は、深呼吸して立ち止まり、自分がおもしろいと感じる方向に舵を切って下さい。

そうすることで周りからの応援ももらえるようです。

【原因と心理状態・感情】
失敗することを極度に恐れています。
決断から逃げています。
こころが定まらず意見が変わりやすい。
浅はかな言動でトラブルに巻き込まれている状況。
浮気や気移りが多く振り回されてしまいがちな状況。
いいかげんな対応をされてしまう過去。

【性質・性格】
優柔不断で決断を他人任せにする傾向 / あきっぽい人 / 悪知恵が働く人 / 浅はかな言動が多く無責任な人 / 裏表がある人 / 幼く考えが甘いところがある / 享楽的な人

【アドバイス】
相手と自分との距離感を適切に保つことが今とても大切なようです。
意志が折れそうになる時は、自分がこの結果を手に入れた先にはどんなことを感じるのか、意識して気持ちを高めてください。
期待していることは、時間がかかり思うような結果になりにくい時です。
不誠実な対応は事態を悪化させてしまいます。「謝罪」は早急に。
自分のこころが定まるまで時機を待つこともいいようです。

【法王】正位置

自分が望んだ立場に、今いるかもしれません。
それは、周りの人達のおかげであることを忘れずに進んでいきましょう。

部下や後輩、兄弟やさまざまな人間関係において、あなたが発信することは、その人たちの役にも立っていくのです。その人間関係がより永続的で素晴らしいものになるために、寛容な気持ちを育てましょう。

あなたに相談してよかったと周りから感謝されることもあるでしょう。

【原因と心理状態・感情】
信頼関係が良好で、良いアドバイスを得ている状態。
自分のもっている能力や技術を、社会に還元したり、貢献しようと考えている状況。
自分自身の道徳心を大切にしたい気持ちが強い。
尊敬されている状況。

【性質・性格】
知識人 / ルールを重んじる人 / 奉仕の精神がある人 / 落ちついている人 /
勤勉で真面目な人 / 相手のことを思いやって行動する人 / 信頼できる人

【アドバイス】
自分の経験を人に伝えていくことは、人間関係をより豊かにしていけます。
自分よりも目上の方が、威厳をもってあなたにアドバイスをしてくる時かもしれません。そのアドバイスは、今は分からなくても、後々役に立つアドバイスであることも多いので、素直な気持ちになり相手の意見を聞く耳を少し持ちましょう。自分の考えを他人に話すことで、より良い考えにまとまっていくでしょう。
あなたは人の前に立ち、導いていく立場かもしれません。不安にならず自分の道を真摯に信じていくことができれば、きっと幸せな未来が待っています。

【女教皇】逆位置

あなたは今、偏見や嫉妬心で苦しんでいませんか？
神経質にならないようにしましょう。

不明瞭な、未来の状況に対して、怒りが強くなっているかもしれません。自分自身が批判的になっていないか、言動に注意してみましょう。

過度に感情的になるときは、周りからも あまりいいようにはとらえられません。過去にしがみつきすぎないようにして、柔軟な考え方をして下さいね。

Message

【原因と心理状態・感情】
常に緊張感がある状況のようです。
失敗しないか、いつもおびえてしまうところから神経質になっています。
潔癖なところがあり、自分の感情を抑えている状況です。
相手の欠点を許すことができません。
偏見があり、自分と価値観が合わないと攻撃的になります。

【性質・性格】
神経質な人 / 陰湿なところがある人 / 自分に甘く他人に厳しい人 / 知識や教養をほしがり、他人に対して見下すところがある / 計画がうまくいかないとイライラする人

【アドバイス】
小さなことが、気になって仕方ない時かもしれません。
あなたのその繊細な感覚は大切にするべきですが、時としておおらかになってみることでこころが楽になることも知っておきましょう。
何かに献身的に取り組むことで、あなたの誤解をとくことができるようです。情緒不安定になりそうであれば、少し時間を掛けて相手との距離を作って下さい。

12. The Hanged Man つるされた男

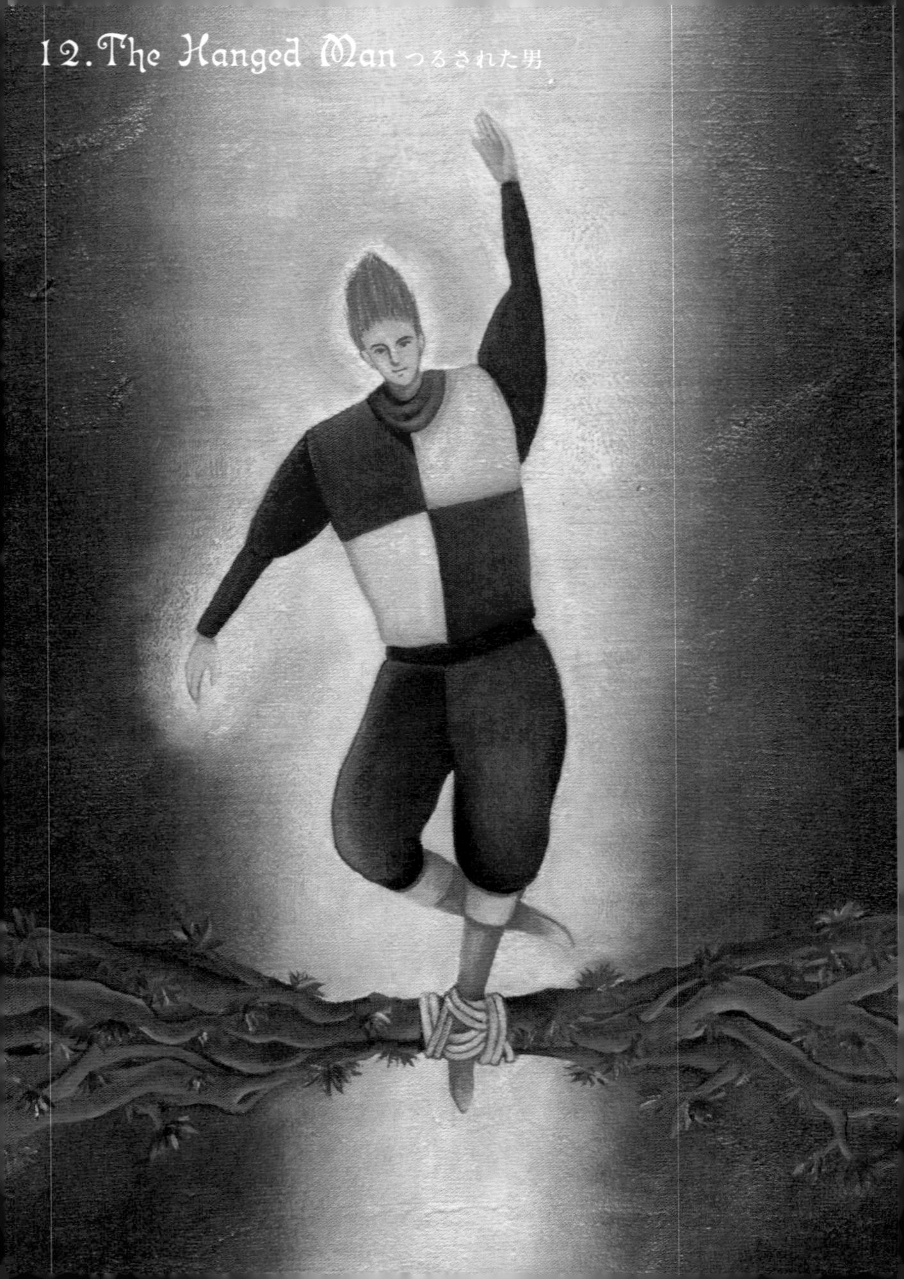

【つるされた男】逆位置

今は時間をかけて状況が好転するまで待ちましょう。

ただしあなた自身がその相手との人間関係で諦めな
ければという条件付きです。

人とのつながりを意識するあまりに、意思表示ができ
なくなり動けないのであれば、それはまやかしの関係
性です。自分勝手に行動したために不利な立場にいる
のであれば、今をじっと耐えてそして足元を見直し作
戦を立てていきましょう。

Message

【原因と心理状態・感情】

意地をはって事態が悪化している状況。
奉仕はあまり伝わらない。
他人を無視した行動をした・またはされている状況。
実力不足が表面化している状況。
すぐに目の前のことから逃げてしまう。
犠牲になる、または、なった過去。

【性質・性格】

身勝手な行動が多い人 / 意地が悪い人 / 感情に波があり気移りしやすい
人 / 陰湿なところがある / 忍耐力がない人 / すぐ言い訳をしてくる傾向
がある / 楽することに目がない傾向 / 自分都合で人を振り回す傾向があ
る

【アドバイス】

現実逃避しないことが大切です。どれだけ身を尽くしても、希望が見え
ない時には、人からの意見を取り入れて物事を動かして行きましょう。
他の人の新しい発想から答えが見えてきます。
相手を尊重して忍耐してきたこころを開放してあげるように話すといい
でしょう。
ただし集中力が十分ではない時なので、時々理解できているか確認しな
がら対応するといいようです。

15.Desire 悪魔(欲)

【悪魔】正位置

あなたがいくらもがいても、どれだけ叫ぼうとしても、届かない願いや、届かない願望があるようです。それは見直さなくてはいけないというサイン。

願いが執着になっていないかを見直しましょう
依存的な立場や考え方を直しましょう。
「誰かのせいで」を止めるよう努力していきましょう。

自分自身がこのままではいけないと、こころの片隅で気づいてる時でしょう。

【原因と心理状態・感情】

受け入れがたい現実がある、または、過去にあった。
執着心が強く自暴自棄になりそうな状況。
快楽におぼれ自分に甘い状態。相手にのめりこんでいる状況。
現実逃避して楽なほうへ考える。おかしいと他人から指摘されている。

【性質・性格】

誘惑する人 / わがままで人を振り回す傾向 / 我慢はしない人 / 口うるさい人 / 人をたぶらかす / 浮気性で魅力はある人 / 手に入れたい物がある時はとことん人を利用する人 / 本能のままに生きる人

【アドバイス】

冷静な判断力を失っていませんか？
怠ける心や甘えは誰にでもあります。
変わりたいのに変われないと口癖が出るかもしれません。
ここからは強い意志力が大切です。
強い意志というのは皆さん持っています。
その強い意志が続かないばかりに、自分自身を責めて楽なほうに逃げてしまう時もあります。
そういった時ほど抜け出す方法というのは自分自身が一番わかっているときなのです。
その自覚を是非大切にしてください。あなたは変われます。

18. The Moon 月

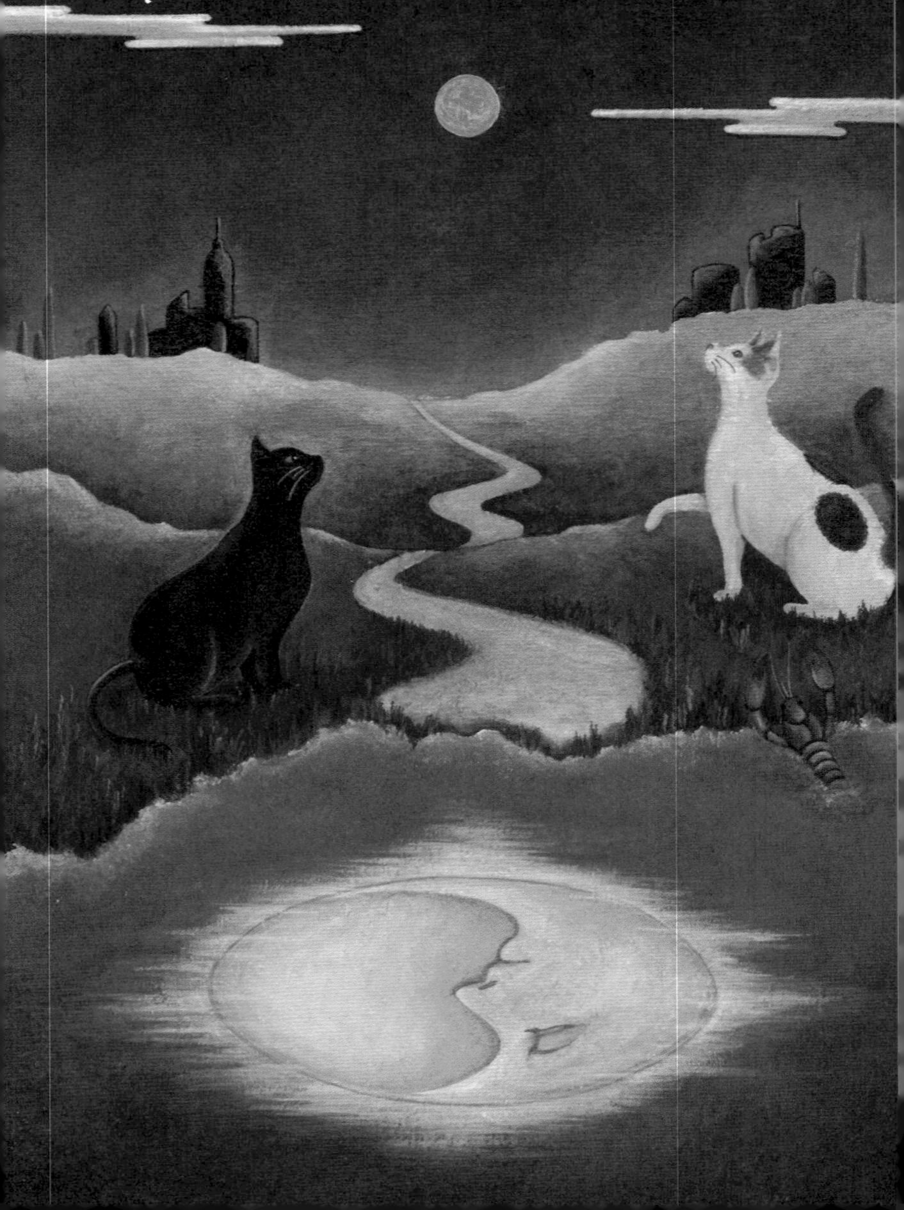

【月】正位置

自分でモヤモヤと考えすぎるのはよくありません。

自分で作り上げてきたものがゼロになってしまうかもしれないという、妄想的な不安がもしあるとするならば、まさに今その妄想を捨てて行き、新しいものを作っていく準備をしていきましょう。

自分の可能性を自分で信用できない時かもしれません。ですが、こころの奥深いところでは既に解決方法を知っています。
心静かに待ちましょう。

【原因と心理状態・感情】

自分の考えがまとまらない。相手が何を考えているのかわからない。悩みが大きくなり出口が見えない。不安が現実化してしまった状況。あいまいな状態を取られている状況。隠し事や秘め事がある状況。

【性質・性格】

何を考えているのかわからない人 / 人とは違う視点でものを言う、または、発見する傾向 / 少し根暗な人 / オタクな人 / 妄想や不安感を煽る人 / 影響されやすい人

【アドバイス】

一抹の不安を自分で煽りすぎないようにして、過去を認め、自尊心を育むといい時です。
そこはかとない不安が、突如として襲ってきたとしても、今ある関係性はそうすぐには壊れないのです。
自分の気持ちに折り合いがつかないとふさぎこまないで下さい。
心が変化する時期です。あせらないで自分を見つめて、感情の整頓をしましょう。
人を頼り過ぎず自分で答えを出す、考える力を持ちましょう。
満月が持つ達成するパワーがあなたに力を与えてくれるはずです。

【太陽】逆位置

激しい感情をぶつけられて悲しんでいる時かもしれません。ですが、この激しい感情をぶつけられて黙っているわけにはいかない時なのかもしれません。

自分の意思表示をすることが時として人生を守りそして未来を切り開いていきます。

素直に感情を出し、泣いてしまってもいいのです。あなたはきっとその感情を味わうことで、より良いものにたどり着くはずです。

【原因と心理状態・感情】

忙しすぎて考えるゆとりがない状況。
楽観的すぎて問題が解決していない状況。
浅はかな考え方で相手を傷つけている・または傷ついた過去。
自分の能力の過信から信用を失う。感情が冷めている状況。
将来の展望が見えない状況。

【性質・性格】

身勝手な行動が多い傾向 / 意地が悪い人 / 虚栄心が強くわがままな人 /
礼儀がなく非常識な人 / 人を小馬鹿にする人 / 自制心に欠ける傾向 / 熱
狂的な快楽主義者

【アドバイス】

自分の過去の行いを悔いるのではなく今ここから変わる！ と宣言していきましょう。
もし人との関係でタイミングや時間がないのならば、その時間を作ることは大切です。
素直な感情表現があなたにとってプラスになります。
人間関係において、挨拶をすることはとても基本的なマナーです。その挨拶を大切にしながら一つのコミュニケーションに怯えずに。
そして自分の中の陽だまりを大切にして下さい。あなたが笑顔で挨拶すると、相手は愛を持って返してくれます。

17.The Star 星

【星】逆位置

今は悲しい時かもしれません。
自分自身が悲劇のヒロインのように感じ、誰からも助けがもらえないと感じるかもしれません。

ですが、現実的にとらえてみるとそれは大した問題ではないかもしれません。
今までの経験だけではなく、今ここから「アドバイスもたくさんもらいながら、周りの人と楽しく生きる事を手に入れていく」と心に決めましょう。

あなたにはその選択をする力は備わっています。

【原因と心理状態・感情】

周りに流されてしまう。強情な態度をして反感を買っている。
被害妄想が強くなる状況。悲観的に物事を捉えている状況。
自分の道を見失い現実逃避している。

【性質・性格】

やや偏屈なところがある / 他人任せで責任感がない人 / うわべだけで考えが甘い傾向 / 現実が見えない享楽的な人 / 心配性なところがある / 理想が高すぎる傾向がある / 友人から反感を買いやすい人

【アドバイス】

謙虚さを忘れずに行動してください。見識を広げることで、感情に流されない自分を作ることを少しずつ始めましょう。自分だけの価値観を作っていきましょう。
過去をいつまでも引きずらないために未来に向けて知識を身に付けていきましょう。
今の関係性に悲しくて涙が止まらない時かもしれません。
時間があなたを癒してくれます。
そして時間が過ぎていくと共に、目の前にある現実的なことに、少しずつ目を向ける努力をしてみてください。
この悲しみはずっと続くわけではありません。

【審判】逆位置

気持ちが通じず、悲しくなるでしょう。分かり合いたいと思うなら、今は動く時ではありません。一線を引き距離を作り、タイミングを待ちましょう

自分が言いくるめられないように反応する力を持ちましょう。
思い付きでの行動は後々後悔しそうです。そのためには状況証拠を集め作戦を立てることです。

恐れや疑念から身動きできないようです。

【原因と心理状態・感情】
期待外れで元気がでない。騙されてしまった過去。
後悔や無念が強い状態。予期せぬトラブルがあった。
考えが甘く時間がかかりイライラしている状況。
他人の親切に気がつかない過去。空気がよめず、孤立してしまう。

【性質・性格】
誤った判断をしても、自分からは謝らない傾向のある人 / 言葉を濁す人 / 視野が狭いく自己中心的な人 / 頑固でわがままなところがある人

【アドバイス】
同じ過ちを繰り返さないようにしましょう。
思い出にすがりつかないようにして下さい。
状況はあまりよくないですが、今後を見据えて行動することで信用をとりもどし、事態はいい方向へ変化していくでしょう。
周囲の人からの支援を素直に受け入れることを大切にして下さい。
自分本位に動かないで周りの協力をもらって進めていくといいでしょう。
あなたは今までの経験からどのような答えを出せばいいかしっかりと分かっています。
自分のこころの声に目を背けずに出してください。
その答えは最適で最高の結果を生み出します。

11.Justice 正義

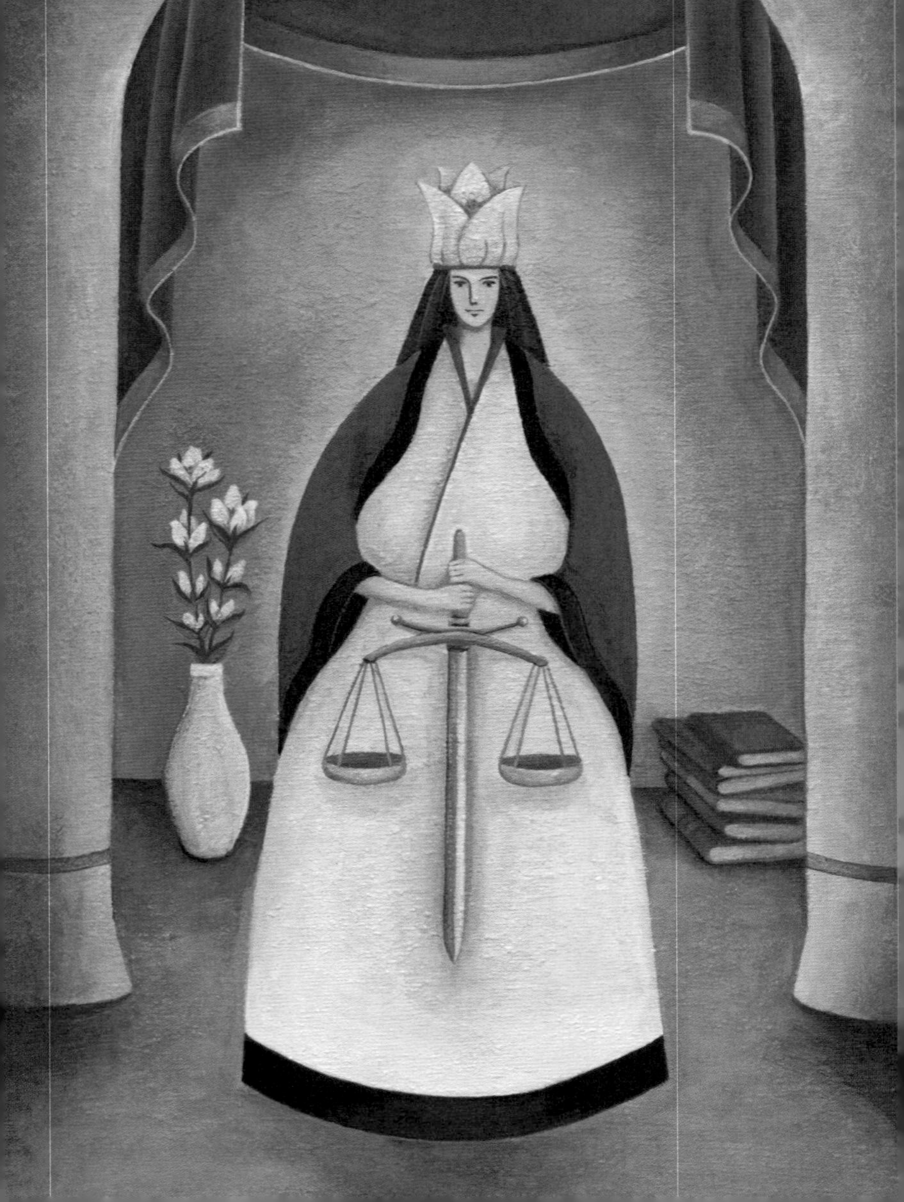

【正義】正位置

自分の中の小さなルールを大切にしながら、自分自身を守るために、一つ一つ行動していくと良い時です。

世の中の常識は常に変化していきます。中立であることは自分自身を守ることにもつながるということを知っていて下さい。自分が作り上げた秩序ややり方は、守ることでより良いものになっていくでしょう。

自分自身の中の正義を少しずつ育てることを大切にして下さい。

Message

【原因と心理状態・感情】

相性がいい状態。
礼儀をわきまえた態度をしている・されている。
価値観を受け入れている状態。
自分が楽しんでいけるルールがある・または作ろうとしている。
中立な立場で物事を考えている。

【性質・性格】

誠実な人 / 中立的な立場で敵は作らない人 / 守ることへのこだわりがあり目立つことは避ける傾向がある / 常識人 / 規則やルールを守る / 冒険心はない傾向 / 冗談が通じない人 / 信頼できる真面目な人 / 昔は苦労人

【アドバイス】

常に周りを見渡しながら試行錯誤して改善をしていくことはいい結果になるでしょう。
答えは「YES」。相手からの態度に、誠意をもって答えてください。
自分達だけのルールを作りましょう。そうすることで共通項が生まれ仲良くなっていけるようです。
思い込みにとらわれずに柔軟な考えを持つ癖をつけましょう。
あなたは人に対して指摘をすることができます。まじめな話が響きます。
そのアドバイスは周りから受け入れられ、感謝されるでしょう。

【女帝】逆位置

どうして自分の思い通りにならないのだろうかと、悲しく、激しい感情が、あなたの心を揺さぶっている時かもしれません。

ですが、この悲しい、激しい感情は一時的なものです。

関係性の中で邪魔になるのは、嫉妬だったり、妬みかもしれません。

今あなたの中でお相手の方に対して、そういったマイナスの感情があるならば、相手の方もあなたに対して同じように感じている可能性もあるのです。

【原因と心理状態・感情】
自己主張が強すぎる。
誤った選択をしている状況。
わがままで身勝手な行動から敵を作っている。
丁寧さに欠け、配慮ができない状況。
無神経なところがある。

【性質・性格】
人を振り回す人 / 我慢しない人 / 口うるさいし、気まぐれな人 / 自分の色気を使って人をたぶらかす人 / 陰湿な行動をとり人を妬む人 / 自分で責任を取りたくないため、他人にすべてを押し付けてしまうところがある

【アドバイス】
自己中心的になっていないか見直し、自分自身の事を客観的に見直していきましょう。自分だけが悪いのではなく、さまざまな要因で、今その状態になってるのかもしれません。大変な状況ならば助けを外に求めていいのです。行動していないのに自分にできないと、あまり我慢するのは、やめましょう。関係性を構築していくために、自分自身のマイナス点を、相手にも見せているという考えを持っていきましょう。そうすることで、お互いを許すことになり、プラスに発展するキーポイントになります。

【世界】逆位置

自分の身の回りの全ての人間が信用できないと不信感を感じてしまう時です。猜疑心を持つ時というのは、自分自身に対しても疑問点を持っている時なのです。

自分勝手に動き出すのではなく、周りと歩調を合わせて物事を進め、関係性を作り直していくと良いでしょう。

人との関係は常に自己研鑽です。自分の中にもっといい情報、知識は吸収できると信じて下さい。

【原因と心理状態・感情】

閉塞感が自分を取り巻いている。神経質で疑心暗鬼状態のようです。
欠点が目につき、イライラしている。
自分以外の人間を信用できない状況。
何か大事な出来事が控えていて、不安で仕方ない状況のようです。
承認要求が強く、「認められない」と傷付いている状態。

【性質・性格】

計画がうまくいかないとイライラする性質 / 利己主義で人の足元を見る傾向がある / 表現することが苦手で、口下手な人 / 自分だけの殻に閉じこもる性質 / 嫉妬深く周囲の評価が気になる人

【アドバイス】

現状に伸び悩んでいるのであれば、周りの意見をしっかり取り入れて、マンネリを脱却していきましょう。
中途半端にならないように気をつけて、しっかりと物事を最後まで見通す力が必要です。
時間をかけましょう。支離滅裂にならないように、理論的に組み立てて話すと、あなたの伝えたいことが伝わり、誤解が解決できるでしょう。
ひとりよがりはマイナスです。アドバイスを心静かに受け入れるいい時です。

【隠者】正位置

今までコツコツと貯めてきた純粋な思いはきっと叶うでしょう。精神的に解放されていきたい気持ちがあるかもしれません。

寛大さや忍耐というところを学んできた時かもしれません。自分のことを癒す時間も取る必要性があるようです。

周りの人があなたをとても頼りにしてくるかもしれないですね。その時は自分も甘えていいのだと許してみましょう。

【原因と心理状態・感情】
落ち着いた大人の関係。愛情が深く尊敬されている状態。
お互いに尊重できている。静かな思いを長年温めてきている。
片思いをしている。自分の感情を外に出すのは得意ではない。

【性質・性格】
判断力があり真面目な性格 / ゆっくりマイペースでこつこつ物事をやり遂げる人 / 勤勉で教養に関することは時間を忘れて没頭する人 / 一人の時間を大事にする人 / 落ち着いている人 / 大人びた発言が多い年長者

【アドバイス】
自分一人の世界は心地よく誰にも邪魔されない素晴らしい世界ですが、自分と他人との距離感を怖がらずに少しずつ相手と距離を近づけていく努力をしていきましょう。
あなたのことは皆が知りたがっています。
自分ばかりが深く考えすぎているのかもしれないと、小さなことにくよくよしていたかもしれません。
あなたの考え方や思考、他人に対してあなたから発する言葉を、人はありがたい言葉として受け取ってくれるでしょう。
精神的な結びつきが強いと感じるならば、あせらずじっくりと関係性を育むとよいでしょう。

【恋人】正位置

好奇心が大きく育っています。目の前にある事柄で楽しみがあるかもしれませんね。

今あなたと一緒に行動している人は、自分にとって合う人かもしれません。自分にとってマイナスな人間が多いと感じるのであれば、勝手に相手は離れていくので気に留めないようにしていて下さい。

我が道を行くことを大切にして下さい。選択権はあなたが持っています！

【原因と心理状態・感情】
たくさんの誘惑があり決断するか迷っています。
好意を持ちなんとか関係性を作りたいと強く願っています。
感性が合い、話が盛り上がり、楽しい時間があった過去からひかれあう状況のようです。
気分は春のように心が踊り、未来に期待しています。

【性質・性格】
人懐っこい人 / やさしいく明るい人 / 警戒心がない人 / 人見知りはしない / 流されやすく情にもろいところがある / 話が上手で退屈しない人

【アドバイス】
人に対してこういった感じがすると思った直感は大切にしてその感覚に従うといい時です。
相手がどのように今感じているのか、感情の確認をすることを怖からないでください。
ゲームをするような感覚で、楽しくさまざまな人と関わることもいいでしょう。
あなたが考えていることは実現する方向に行くでしょう。
人の評価に怯えず進んでください。
仲の良い友人に助けをお願いすることもいいでしょう。

0. The Fool 愚者

【愚者】逆位置

あなたに必要なのは大胆な行動力かもしれません。
行動を取るためには恐怖に打ち勝たなくてはいけません。自信のなさや気まぐれな態度は、目の前の現実に投影されています。なんとかなるという言い訳をしないことが今は大切です。

自分の行動を見直しましょう。
相手との距離感を大切にして下さい。
自分には能力がないと言い訳をしないようにして、少しずつ学びを深めていくといいでしょう。

【原因と心理状態・感情】

あの人はあんなにいい思いをしているのに、私はどうしてこんな思いをするのだろうか、という状況になっているかもしれません。
予測不能な状態でイライラしているようです。
引きこもり何を考えているかわからない状態です。
自分で考えられるヒントが欲しい状態。
自分という人物が分からない状態。
惰性的ですべてにおいてやる気が起こらない状態。

【性質・性格】

他力本願で責任は取りたくない人 / 気移りしやすい性格 / 無謀な思い付きをしてしまう / 自己中心的なところがあります / 信用はできない人

【アドバイス】

口先だけで物事を判断しないようにしてください。
人から忠告を受けたのなら、足元を見直さないと後悔することになりそうです。自意識過剰になりすぎないように、冷静な視点がいい方向へ導きます。
あなたは、本来人をあっと言わせる行動をすることができる人です。もし、無謀すぎることに挑もうとしているならば、作戦の練り直しが必要です。

8. Strength 力

【力】正位置

根気強く向き合ってきた事は実現します。

絆は力強く結ばれています。その絆を信用していきましょう。そして相手にも言葉を使って確認をしてあげて下さい。

自分自身も相手も幸せになっていくというイメージを崩さないようにしていきましょう。

思慮深い考え方はあなたがとても誇るべきことです。自分自身の葛藤を人に言えずに、ただひたすらに忍耐をしてきたかもしれません。

【原因と心理状態・感情】

感情はあまり外に出さないが内側には強い思いを秘めています。
他への慈しみと愛情が深い状態。
運命に翻弄されない意志を強く持ちたい願望。
忍耐力があり自制心が働いています。
環境を乗り越えて気持ちが通じ合う状態。

【性質・性格】

努力家で辛抱強い人 / あきらめない意志の強さがある人 / 活力あふれる人 / 義理堅いところがある人 / バイタリティーがある人 / わがままな一面があり感情をコントロールできなくなる時がある

【アドバイス】

自分の感情をコントロールできないと苦しいかもしれません。
他人はあなたがそこまで苦しんでることに気付いてません。
感覚の麻痺にならないように対策を。
自分自身の苦しみをなるべく外に言葉にして出し、他人に相談しながら進めてみて下さい。
今の状況が、ようやくなんとかなってきたと自覚している時かもしれません。長期戦にはなりますが結果はいいようです。勇気を奮い起こして下さい。

【女教皇】正位置

１人の時間を大切にしてゆっくり自分のこころの声を聞きましょう。
自分の感性を丁寧に育てながら人との付き合い方を見直していきましょう。

真面目なあなたは他人に対して考えすぎてしまう時があったかもしれません。
新しい感覚を取り入れていく事を大切にして下さい。

自分自身の感性が今とても磨かれている時です。
人に対してとても優しくアドバイスができます。

【原因と心理状態・感情】

相手の行動を、一つ一つ細かく神経質に見てしまっている時のようです。
話のそりが合わなくて苦しいことがあるようです。
ルールを守り自分が安全であるか常に確認をしています。
精神的なつながりを感じ、安心しています。

【性質・性格】

几帳面な、落ち着きがある人 / 細かいことにこだわる性質 / 合理的な考えがあり、冷たい人と思われがち / 慈愛の精神がある人 / 感情表現が少し苦手 / 知性的で上品な人 / 目立たないが教養がある人

【アドバイス】

あなたは繊細な感性を持っています。見るもの聞くもの、すべてが自分の栄養になると信じ、様々な視野を広げてみると良いでしょう。
自己表現が大切です。あなたが考えていることを相手に伝えることを、言葉が足りなくても、怖がらずに、少しでもいいので伝えてくださいね。
丁寧な行動は必ずプラスになっていくでしょう。
あなたの周りの人達は味方も多いはずです。

20. Judgement 審判

【審判】正位置

望んだ結果になりそうです。今の関係性は困難があったとしてもきっと一つにまとまっていくでしょう。

今まで失敗があったならば再出発をし、改善する良いタイミングです。自らを改め正しい道を歩もうと決意した時、きっと道が開けて行きます。

信念を持ち「自分はこういった関係を築きたいんだ」と自覚したとき、良い未来が来るでしょう。

相手の本質を知り、自分の本質も理解するいい時なのです。

【原因と心理状態・感情】

努力してきたことが報われる。手の届かない人との接点ができた状況。関係性の結論が出る・出せる。困難を一緒に乗り越えてきた過去がある。決断して行動しようとしている状況。
絆を実感する出来事があった。むかし縁があった人の再会。

【性質・性格】

強い意志を感じる人 / 感情表現は少ないが誠実な人 / 答えを求めている人 / 決断は早い傾向がある / 自分の価値観がしっかりとある人 / 運がいい人 / 相手の幸せを考えられる人

【アドバイス】

その関係性は周りから祝福されます。
過去から今に至るまでの行程を見直すと良いでしょう。
もし今から進むことに不安になるならば、自分はこういった状態の未来が欲しかったんだと声に出して下さい。
あなたがすべきことは、自分の中にある答えを信じて決断を下すことです。答えを出すことを恐れずに自信を持ちましょう。
今までいろんなことを考えて行動してきた結果が今目の前に現れています。
自分の考えが現実化することを恐れずに受け入れていく気持ちを持ち、穏やかな心を育みましょう。

15. Desire 悪魔(欲)

【悪魔】逆位置

自分と相手との距離感がわからず気持ちが揺れる時です。本当に自分のこころの声を聞くことは難しい時かもしれません。

自分達は悪くない、そういった考えが頭にあると事態はさらに悪化します。
自分にも悪いところもあったかもしれない、という相手の立場になった考え方を持つことで事態は非常にスピードを上げて解決していきます。面倒だ、もういいと投げやりにならないで下さい。

【原因と心理状態・感情】

嫉妬と独占したくて仕方ない状況。肉体関係への依存。
相手の言いなりになっている状況。執着がなかなか手放せない。
イライラしてしまい八つ当たりしている。享楽的に遊びたい。腐れ縁。

【性質・性格】

気移りしやすい人 / 言動がころころ変わる人 / 怠け癖があり、やる気がない人 / 他力本願で努力は無駄だと考える傾向がある

【アドバイス】

自分都合ばかりの考え方では回ってはいかないのです。「あの人にはあって、私にはない」というところから解き放たれるようにしましょう。
嫉妬心や独占欲はみんなが持っています。その部分で苦しまないようにするためには、「客観性をもってみよう」と、まずはこころに言ってみてください。
周りを無視した行動、それは暴力に近いものなのです。それは巡り巡って自分を傷つけていくことになります。
本当にあなたに必要な人でしょうか？　深呼吸をして立ち止まって考えて下さい。

【隠者】逆位置

一人で孤独を感じてどうしようもない時かもしれません。こころが分かちあえず、さみしい気持ちが押し寄せてきます。

自分が他人と関係性を求めている、その願望は尊いものです。少しずつ自分から心を開く練習をしていきましょう。

そのためには自分の足元を照らしていくように、一つ一つ自分のことを他の人に伝えていく練習をしていきましょう。長い期間の関係に疲れていないでしょうか？

【原因と心理状態・感情】

相手の立場を考えられない状況。
不平不満が多く愚痴をいつも言っている。
こころが通い合わずさみしい気持ち。
意地悪になってしまう、または意地悪をされてしまっている状況。

【性質・性格】

頑固で偏屈な人 / 意地悪なところがある人 / ひがみがつよく嫉妬をいつもしてしまう人 / 独りよがりで人の意見は聞かない / 偏見を持ちすぎる人 / 自分より教養がない人を見下す / 権力に弱い人

【アドバイス】

自分自身をより外に表現することは、他人を理解していくことにつながりますので、より豊かな人間関係の構築に役に立つはずです。知識と知恵は、人間関係を円滑にするための潤滑油のような役割をしていきますが、使い方によってそれは人に対してとても不快感を与えてしまうということを知りましょう。
自分の知識のバランスをとるためには、少しずつアウトプットしながら、人に確認し意見をもらうことから怯えないことなのです。人の意見を受け入れることで未来が開けていくようです。

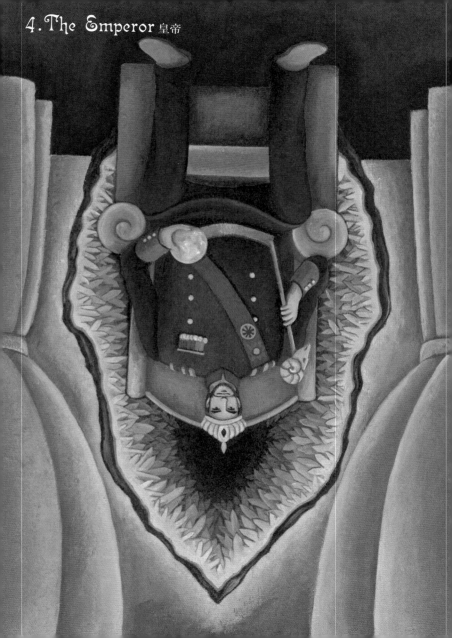

【皇帝】逆位置

自分自身の決断を信じ、自分の未来はあると声に出した時、人生が開いていきます。

もし、ひどく傷つけられていることがあるならば、直ちにその現場から逃げていきましょう。そうすることで相手を傷つけるのではないかと不安になるのではなく、まず自分自身を守ることを大切にして関係性を見直すことです。

そうすればきっと未来は明るくなっていくはずです。

【原因と心理状態・感情】

自分の感情がコロコロと変わっていき、不安定な精神状態。
精神的な弱さや、未熟さが表面化している時。
認められたくて仕方ない心理状態。
自分自身に自信がない状況。
否定され怒りに満ちている状況。

【性質・性格】

高圧的な言動が多い / 亭主関白なところがある / 乱暴なところがあり、強引な性格 / 融通が利かない人 / 頑固で、人の意見を拒否してくる

【アドバイス】

相手にコントロールされているのであれば、その関係性は今すぐ改善をする必要性があります。もし、相手との距離感がつかめなくて苦しんでいるのであれば、逃げるということも大切なことです。周りの人を頼っていきましょう。
自己中心的にならず、暴力的にならないように、気をつけたいところです。中立的な立場を維持すると心に決め、ルールをしっかりと定めて決めていくことで、安心と安定が手に入れられるようです。
自分自身に自信がないという言葉が口癖になっていませんか？ 自信とは他者との比較ではなく自分の決断を信じることでもあるのです。

【つるされた男】正位置

今まで放置をしていたり、自己犠牲をたくさんしてきたならば、その結果が実っていくようです。

今まで苦しいと感じながらも同じ環境から抜け出せないと嘆いていたならば、環境を変えるいい時なのです。
ひらめきを大切にしてください。

自ら望んだ試練かもしれませんが、あなたの出した答えは悪いものにはなりません。
待つということも大切な行動の一つなのです。

【原因と心理状態・感情】

行き詰まりを感じている。マンネリ化して刺激が欲しい状態。
身動きが取れない苦しい状況。不安定な精神状態。
相手に尽くしている状態。障害は多く助けが必要な状況。

【性質・性格】

我慢強い人 / あまり口数が多くない / 反抗しない、なすがままの人 / 意見を言おうとすると言葉につまるところがある人 / 悩みが尽きない人 / 努力家で苦労人 / 答えがでるまでじっと腰を据えて考え抜く傾向がある

【アドバイス】

今まで相手に対して尽くしてきたことや、行動してきたことを無意味に感じている時かもしれません。

ですが、相手に伝わらないと嘆くのではなく、どうしたら相手に伝わったのだろうかと考え方を変えるいい時なのかもしれません。その時には、ものすごくいい作戦が思いつく可能性が高いです。

ですが、それが忍耐という形になり苦しくなるのであればその忍耐は終了させて下さい。

関係性をゼロに戻しても、まだたくさんの関係をあなたは一から作り上げることができます。

耐え忍ぶ冬は長い間ではないです。必ず好転していきます。

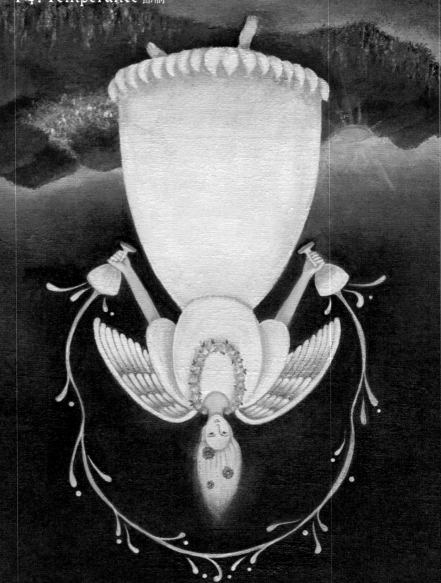

【節制】逆位置

今のあなたは、注意が散漫になっている時かもしれません。
自己評価を低く見積もりすぎてはいないでしょうか?

あなた自身は安定を常に望んでいます。
喧嘩をしたくない時かもしれませんが、自己表現ということから逃げなければ、平和な日々が訪れるはずです。自暴自棄にならないように気をつけましょう。

他人の影響を受けすぎないように意識することが必要のようです。

【原因と心理状態・感情】

つまらない人生だと嘆いている状況。
無感動でマンネリしている。生活リズムが狂う。
振り回されて疲れている状況。金銭関係、人間関係のトラブル。

【性質・性格】

想定外を嫌う傾向 / 自分の器以上のことを欲しがる / 責任は取らない人 / 計画がうまくいかないとイライラする人 / 表現することが苦手な傾向 / 良心をあまり感じることができない人 / お金にルーズなところがある人 / 家族間に問題がある傾向

【アドバイス】

自分にとってマイナスな環境は改善まで時間がかかるようです。
それまでは自分の今の状況は一番最低だと考えるかもしれません。
実際に最悪な状況だとしても、そこから現実的にはまだ良いところというものも見つかります。
常に何かが「足りない」と、とらえるのは終了しましょう。
自己中心的な考えは状況をマイナスな方向に展開させます。
人間関係に疲れた時は休息するというのも大切なことです。
時間をかけ休息し、そこから関係性を改善していく行動をしていきましょう。

1. The Magician 魔術師

【魔術師】 正位置

社交的になるいい時です。
自分自身が器用貧乏になる必要はありません。
人を観察する力を身に付けるいい時です。

人はいろんな面を持っています。あなたに見せている
一面だけにとらわれるのではなくて、多角的に見るよ
うに心がけてみましょう。
どんな人と交流し、関係性を作りたいか明確にしてい
きましょう。あなたは人を引き寄せる力を持っていま
す。

【原因と心理状態・感情】

物事が動き出している状態です。人との交流が活発な状況です。
新しい恋愛の芽生えがあるようです。
感性があう方との出会いがある、またはあった。
すべての出来事を自分でコントロールしたい状態です。

【性質・性格】

社交的な前向きな人 / 基本的にはやさしい人 / 好奇心旺盛でロマンチス
ト / いろいろなことを知りたがる / 器用に尽くす、要領が良く頭がいい
/ 人気があり目立つ人

【アドバイス】

様々な物事を吸収することは大切な時のようです。
八方塞がりのような気分になり、私のことを理解してくれる人はいない
かもしれないと、怖がらなくても大丈夫です。
自分がもっと気にかけてもらうために「こうしてほしい」という意見を
言うことを怖がらないで下さい。
自分はまだ何も達成できてない、足りない、足りない、と思うことを少
しやめてみましょう。
あなたはとても器用で周りに対しても人一倍気を遣ってきたかもしれま
せん。その気遣いはみんなが分かっています。

17.The Star 星

【星】正位置

この関係性を前向きに構築していきましょう。

あなたにとってこの関係性は学びであり、そして頼れることになるようです。

人と会う時間を大切にしてください。会話を楽しんでください。

理想的な現状があるならば、確信をもって行動してくださいね。

前向きな情報収集をしましょう。

知識と知恵が湯水のように湧いてくる時なのです。

【原因と心理状態・感情】

物事が順調に動き出す状況。結婚など将来を考えていける状況。

直感が働き幸運を引き寄せている。自信を持って行動しようとしている。

自分の理想の相手に出会った状況。一目ぼれしている。

【性質・性格】

元気がある人 / 人に対して優しい人 / ポジティブな発想の持ち主。

落ち着きがあり周りから頼りにされている人 / 現実的な考えがあり、地に足をつけている傾向がある / 知的な印象がある人

【アドバイス】

自分自身で自分の知恵を育成し、しっかりと現実的に使うことを意識しましょう。あなたは考える力をしっかりと持っています。

自分が分からないという言葉で、自分の考えを止めてしまってはいませんか。

あなたはこうしてちゃんと生きてくることができました。その過去を大切にして、今から前を向き、希望を見出すことが必ずできます。

自分が大切だと感じる人と幸せになるイメージを持ってください。

現実的な事柄を優先して解決すると、よりよい未来になるでしょう。

【運命の輪】逆位置

急激な変化や避けられない状況になるかもしれません。何かトラブルに巻き込まれてしまわないように気をつけましょう。

今は好ましくない状態だとしても少しずつ、変わっていきます。その人との関係性でタイミングが合わないと悲しい時かもしれません。

ちゃんとチャンスは巡ってきます。
そのための準備をしておくことが大切です。
悲観的にならず、焦らないことです。

【原因と心理状態・感情】

不安が的中して、ふさぎこんでいる。
チャンスをのがした過去。
非常識な態度、投げやりな態度を取られている。
気持ちがすれ違っている状況。

【性質・性格】

空気が読めない発言をする人 / 敵を作りやすい、誤解をされやすい人 / 投げやりでミスが多い人 / ずるい人 / 快楽主義者 / 極度なネガティブ思考の持ち主

【アドバイス】

あわてないことが大切です。
心を改めた態度が求められます。
一時的な不運があっても、禍を転じて福と為すところがあるため、あきらめないことです。
ただ傍観するだけでは状況は変わりませんので、どういう作戦を立てていい状況にしていくかという行動が、非常に大切になります。時系列で考えて進めて下さい。

【塔】逆位置

発想を変えて物事をとらえましょう。自分自身がいけないというふうに自分自身を責めないでください。

事態はご自身が思う以上に予想外なことで変わっていく可能性があります。
何が起こっても平常心を保とうと深呼吸をして日々過ごしていくことが大切です。

流れに逆らわないことも大切です。あっけにとられていると、取り残されてしまい、寂しい思いをしそうです。

Message

【原因と心理状態・感情】

悪いほうばかりに考えてしまう。
誤解から相手との距離ができてしまう状況。
窮地に追い込まれている状況。
自信がなくなり、精神が不安定な状況。
暴力を振るわれた・または振るわれている。
寂しすぎて生きている心地がしない。
事態が悪化しているのに気が付くのが遅すぎた過去。

【性質・性格】

誤解をまねきやすい人 / トラブルメーカー / あきらめている人 / 短気な人 / 支配的な考え方の人

【アドバイス】

思い上がって失敗して、大混乱しないように対策をしていきましょう。
関係性は見直しを。距離を作り逃げることも大事です。
心身の休養が必要かもしれません。
謙虚な姿勢で問題を先送りせず取り組むこと、楽観視しないことが大切。
発想の転換期！です。
助けを躊躇せず呼んで下さい。
短絡的な判断にならないように考えてスピーディに動きましょう。

【戦車】正位置

自分にとって好都合な条件がやってきます。
理想的な出会いがあるでしょう。
自分自身に負けないで、目の前の事柄に立ち向かい行動すればいい未来が待っています。
人間関係において、自分の味方が周りに寄ってくるでしょう。ライバルという存在はあなたの元から去って行くようです。
チャンスを手にする時です。
行動力がいい結果を生み出します。

【原因と心理状態・感情】

気おくれしない過去。
気持ちがあふれんばかりで、全身全霊で行動している。
情熱的な感情がある。
急いで答えを求めている状況。
障害を乗り超えたい強い願望がある。

【性質・性格】

まっすぐな性格 / 負けん気が強く勝気な性質 / 思い込みが激しすぎるところがある人 / 猪突猛進なタイプ / 周りが見えなくなる性格 / 強い精神力がある人 / 情熱的で体力がある人

【アドバイス】

自分自身の行動ややる気は、人になかなか伝わらない時もありますが、自分自身を信じてしっかりと行動をとっていくと後々には評価されるでしょう。
周りがあなたに対して合わせてくれるようになるためには、どのように行動したらいいかを考えて下さい。
自分の意見をしっかりとまとめ、行動計画を立てましょう。
未知なるものへ挑戦し、自分の人生の主導をとるといい時です。
スピード感よく物事に対応すると、将来の展望が明るいです。
勇気を持って突き進めばライバルに勝てるでしょう。

8. Strength 力

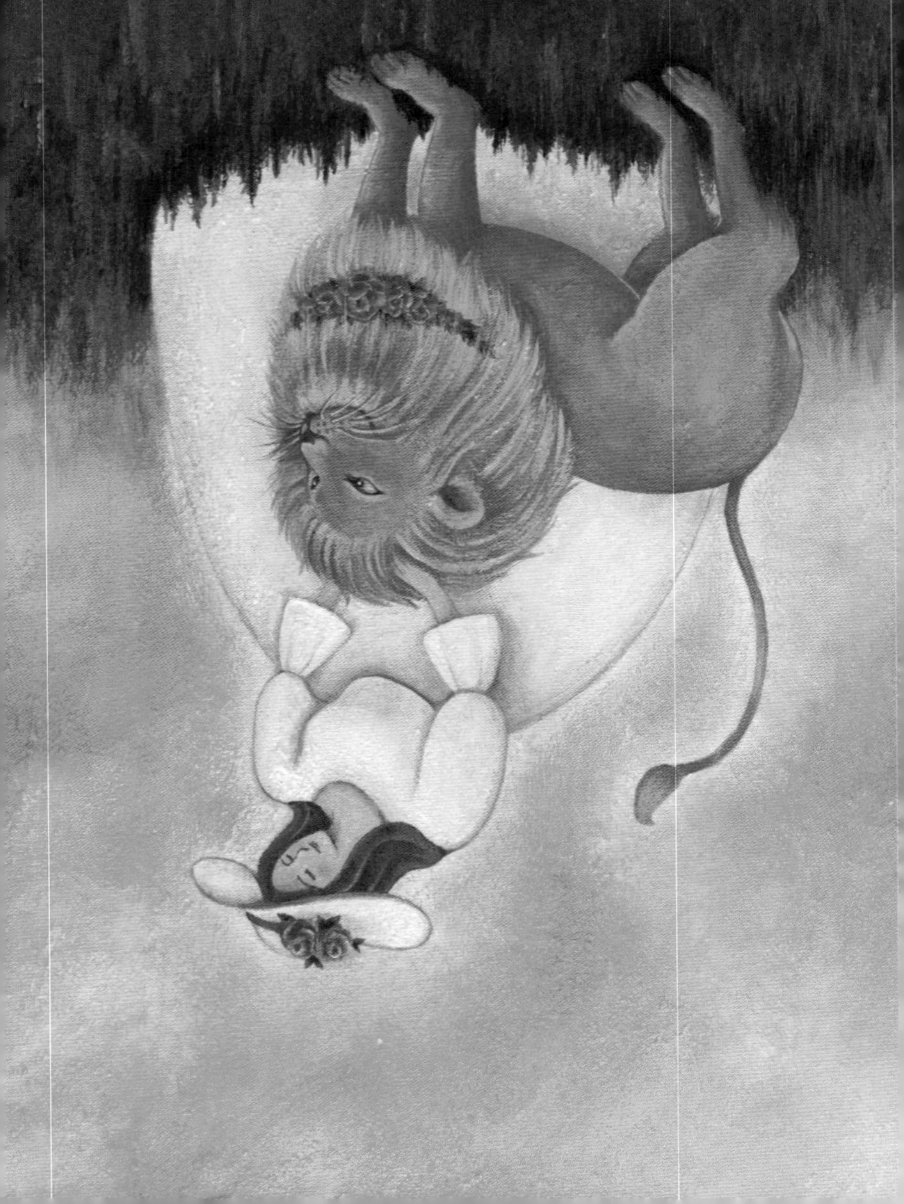

【力】逆位置

あなたは今置かれてる立場に、感覚が麻痺していませんか。自分自身をちゃんと大切にして、まずは少しずつ深呼吸することから始めて下さい。

あなたには現実を作り出す力が備わっています。
勇気を持って行動して下さい。
相手への要求をしすぎたなら、改善を。
信用を取り戻す行動をして下さい。

精神的なダメージのケアをして、力を蓄えましょう。
依存ではなく自立することが求められています。

【原因と心理状態・感情】

精神的に弱くなっている。
強情なところがあり、人に対して攻撃的になっている状態。
自惚れから現実が見えていない状況。
自分では無理だと思い込む過去がある。
不信感があり、いつも考え込んでしまう状況。

【性質・性格】

切れやすく感情をストレートに表現してしまう人 / 強情で強引に物事を進めていく人 / 精神年齢が低い人 / 短気で情緒不安定なところがある人 / 卑屈になる人

【アドバイス】

臨機応変な態度を求められます。
逃げ道を何とか作りたいかもしれませんが、今は正面から立ち向かうことで状況を打破できそうです。
もともと気持ちが強い人です。感情に流されないように進めて下さい。
感情をコントロールして、今考えている対策は再検討する必要があります。
自分の弱さとは何か？と自問してみると解決策が浮かんでくるようです。
皆、自分のなかに暴走しそうになる獣を飼っています。その獣は自分を愛することで飼いならし、味方にすることができます。

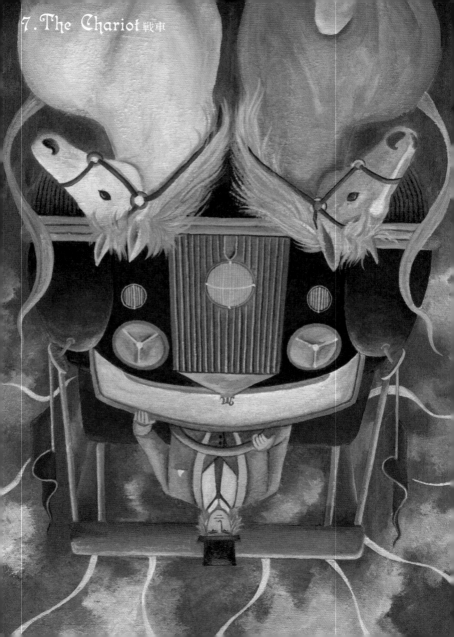

【戦車】逆位置

今の状況に怒りの感情の歯止めが効かない時かもしれません。周りに振り回されて非常に苦しい立場かもしれません。

必ず事態は改善できます。
一つ一つ丁寧な言動に変えましょう。
人生は勝ち負けではありません。次が必ず用意されているということを信じてみて下さい。

自分の思い込みにとらわれていたかもしれません。
感情がコントロールできず自暴自棄になる時かも。

【原因と心理状態・感情】

少し後悔している時かもしれません。
口ばかりで動けない状況、文句や言い訳が多い過去。
他人を無視した行動をした過去。言葉が乱雑になっています。
挫折や失敗からの屈辱、尽くしすぎて疲れている状況。
あなたは少しだけ休憩が必要な時です。

【性質・性格】

助言が耳に入らない人 / 聞いているようで聞いていない人 / 熱しやすく冷めやすいところがある人 / 攻撃的なところがある人 / 思い込みが激しいところがあり冗談が通じない / 独りよがりになり猪突猛進してしまう

【アドバイス】

「自分はちゃんと考えを持っていてしっかりと生きていける」と声に出してみましょう。自分に言い聞かせていくことで自分自身を一番の味方にし、力強い行動に移していけます。
他人に対しての比較にとらわれないようにする時でもあります。「自分がどうしてこの状況にいるんだろうか」と考えて、現状に向き合ってみてください。相手との小競り合いに負けた気持ちになっているかもしれません。その小競り合いは本当に必要な小競り合いだったでしょうか。
自分自身に落ち度がないか見直して下さい。

13. Thanatos 死神(終焉)タナトス

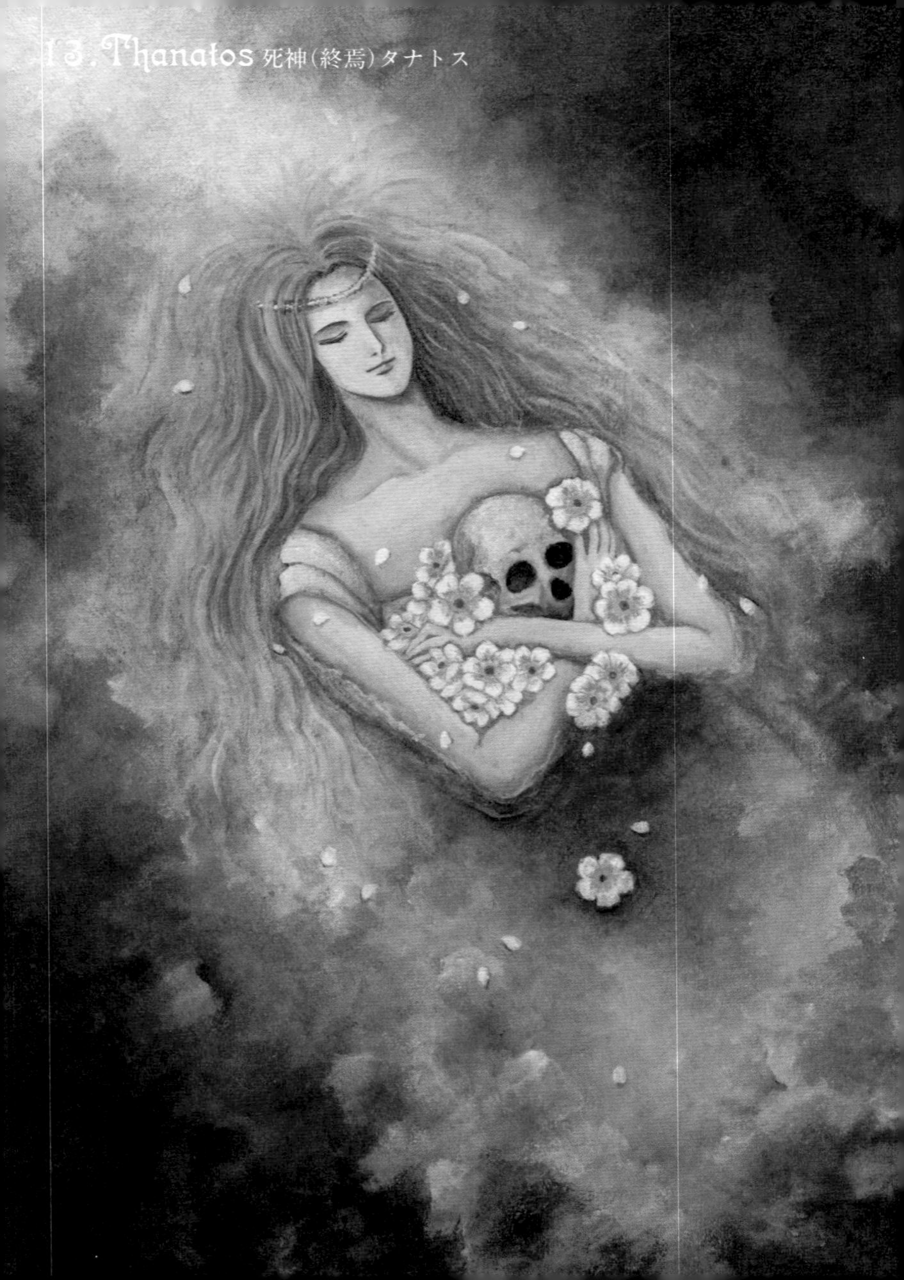

【死神】正位置

大きな方向転換は吉となります。
白黒をつけ区切りをつけるいい時です。

自分自身の人間関係やいろんな物事に学びや別れがあるでしょう。大きな変化に戸惑うかもしれませんが、許す気持ちを持って前に進んでいきましょう。

疲れている時かもしれません。体を休め、こころを休め、次への英気を養いましょう。

慣れ親しんだ考えや関係性を終わりにすることは苦痛が伴うかもしれません。

【原因と心理状態・感情】

過去にしがみついていて行動できない状況。
自分で物事をややこしくしている。
白黒はっきり答えがでる。心変わりをしている状況。
相性があわない現状は悪化する。

【性質・性格】

マイナス思考が強い人／思い込みが激しく、自己完結的で、まわりに迷惑をかける傾向がある／感情表現が少ない人／すぐ泣いてしまう人／無口な人

【アドバイス】

関係性において、何か復活があるのかもしれないと考えるかもしれませんが、躊躇しないで決断し、終わりを迎えることで新たな境地が必ず開いていきます。
あなたが求める関係性のゴールは何でしょうか。そのゴールに遠く及ばないのであれば作戦を練り直し、今の状況を終わらせることがプラスになります。
お互いがプラスになっていくための必要な別れだってあるということを認識していきましょう。
過去と向き合い未来に向けて進みだせば、必ず好転していくはずです。

18. The Moon 月

【月】逆位置

確かな手応えが欲しい、悩みを解決したい時かもしれません。

自分自身がその環境を引き寄せているとするならば、逆の状況も引き寄せることができます。

自分自身のこころは自分が一番わからなくなる時かもしれませんが、そんな時は周りの人に「私はどんな人間だと思う?」と聞いてもいい時なのです。
皆さんからの答えがあなたの中の真実や事実に蓄積されていきます。

【原因と心理状態・感情】

ごまかされる。秘密の関係が壊れる状況。隠されていたことが明るみになった状況。他人への思いやりがもてない状況。精神的にバランスを崩している状況。相手の都合を優先しすぎてしまった過去。共依存の状態で切るに切れない関係性。

【性質・性格】

中傷する人 / 嫌味をいう人の悪口を陰で言う傾向 / 優柔不断でいつまでも答えを出さない人 / 信用できないところがある人 / 依存してしまうメンタルの弱いところがある / 自立できない人 / 何を考えているかわからない人 / 本心を隠す人

【アドバイス】

あなたが立ち向かわないといけないのは自分自身の「恐怖心」です。
自分の本心がわからず、答えが二転三転してしまう時かもしれません。そんな時は深呼吸をして静かに落ち着きましょう。自分自身の感情が落ち着き、冷静になってから答えを出しましょう。
紙に思いつく言葉を書いてみましょう。そして不要な物を手放すとこころに言ってみましょう。真実を見極めることが大切です。苦悩はするようですが、本当の意味でトラウマが解決していきます。機転の利いた行動はトラブルを回避するのに有効でしょう。

【世界】正位置

あなたの独創的な世界を作っていきましょう。
個性がないと諦めないでください。
自分の世界を大切にしていくということは相手の世界を認めるということです。自分自身の個性は何歳からでもいつからでも作り出せます。

貴方にいいことが起きるでしょう。周りと比較するのではなく、今ここに生きていることを大切にしてください。自分自身の世界を作るために今の出来事が起こっています。

【原因と心理状態・感情】

自分自身への幸せな結論が出せている、または、出す状況。
周囲に認められる関係。恋愛が実る。
楽しい生活への憧れがある。
相性がよくお互いの人生を尊重したいと考えている。
自分の個性が認められて評価が高い状態。

【性質・性格】

合理的な考えで安定志向の性質 / 周りに対して気を使える人 / 行動力がある人 / チームワークを大事にする人 / 周囲の状況をよく把握している人 / リーダーシップがあり目立つ人 / 個性的な独特な世界観がある人 / 有名な人

【アドバイス】

周りと共に勝つという形で目標目的意識を持つと良くなりそうです。
自分を認めるためには相手を認めるという、お互いの共有を大切にしてください。そうすることでトラブルは丸く収まる可能性が高いです。
人付き合いの中からアイデアが出てくる時、交流を大切にしてください。
現状の壁があるならば、あなたなら突破できます！
この世界は自由で愛にあふれています。あなたの人生に祝福が近いようです。

0. The Fool 愚者

【愚者】正位置

誰も自分のことはわかってくれないと嘆く必要はありません。
あなたが考えた行動は必ず成功する道筋になります。
自信を持って慌てずに進んでください。

旅に出るようにワクワクしましょう。
計画がないということは自由であるということです。
すべての出来事をポジティブにとらえていくことで
未来が創られます。

たくさんの経験があなたの人生にとって宝物になる
ようです。

【原因と心理状態・感情】

直感や感性を優先したい状態です。
忠告に対して聞く耳を持てません。
古い習慣に縛られていて、そこから解放されたい状況。
ゼロから何かを生み出したいと、そわそわしているようです。
ワクワクする出来事に出会い、こころが明るい状態。

【性質・性格】

大雑把な性格 / 子供のような無邪気な性質 / 理想が高く型破りな人 / 束縛を嫌う人 / 大胆な天才肌の人 / 一か所にいることができず、いつも夢を追いかけている人

【アドバイス】

ひとつひとつ歩みを進めていくといい時ですが、相手との協調性を無視して自分で突き進みすぎてしまうと、思わぬ失敗にあいます。
大いなる勇気を持って行動に歩み出しましょう。道はしっかりと用意されています。あなたが考えている以上に人は自由で大胆な行動はとれません。ですが自分がお手本になるように行動をしめしてあげると周りから協力をもらうことができるでしょう。何か新しいことをしてみたいと感じているならば、その直感にしたがって行動して下さい。

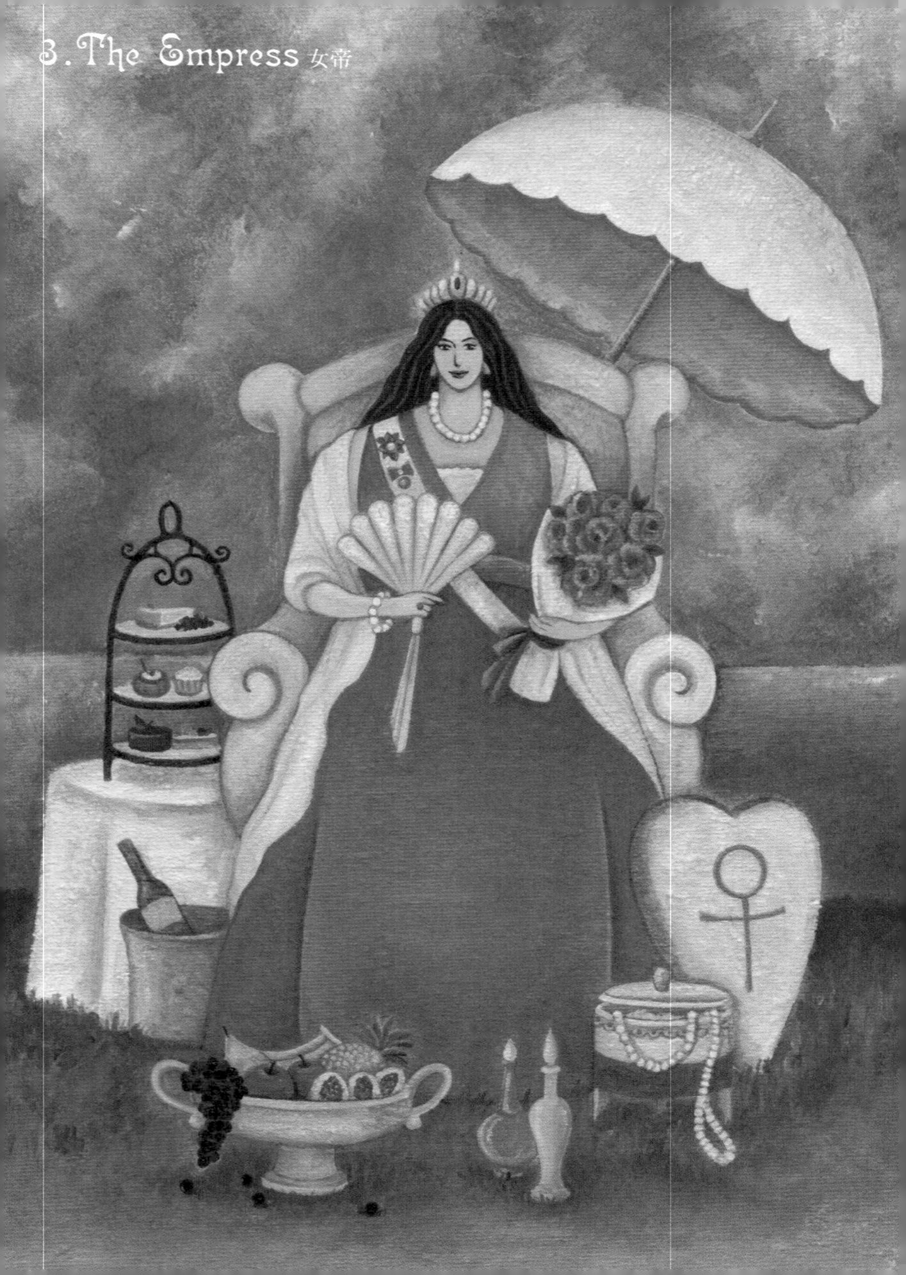
3. The Empress 女帝

【女帝】 正位置

自分自身が手塩にかけて育ててきた事柄が成功したり実っていく時のようです。豊かさや楽しみや喜びが入ってくるようです。それは自分自身が相手のことを思い、そして自分自身のことを思い、行動してきた結果です。

相手からアドバイスや助言を得られているならば、それに感謝し受け入れることを大切にして下さい。たくさんの恩恵をたくさん受け取りたいという気持ちは持っていて人は当たり前です。喜びの感情を盛大に表現して下さい。

【原因と心理状態・感情】

いい出来事があったようです。周りから助けられていい状態になるようです。
好きな感情を表現しています。母性本能をくすぐられる出会いがあったようです。
愛されていると実感できている状況です。
心が穏やかで安定した状況です。

【性質・性格】

やさしくおおらかな人 / 尽くす精神がある人 / 甘えることが素直にできる人 / 女としての生き様を謳歌する / 姉御肌で愛情に満ちた人 / 情にもろい人

【アドバイス】

豊かに包み込むような愛情を表現し、安定しリラックスしましょう。居心地のよい環境を相手に与えて下さい。努力が実って、よりよい成果が現れる時期が近づいてきています。今のまま進むべき。目の前の事に一生懸命取り組めば必ず結果がついてきます。魅力が高まっている時です。自分磨きを加速させて下さい。いま感じている幸せや楽しみに期待をしてそれがずっと続いていくような気持ちになりましょう。

【法王】逆位置

常に情報をアップデートして、革新的に進んでいく時なのかもしれません。

あなたが、もし部下や後輩、年齢が下の人との、人間関係に悩んでいるのであれば、自分の言動で「彼らに良い影響を与えていきたい」と自分を追い詰めているのかもしれません。

自分はこういう風に見られたいという枠さえ丁寧に外していけば、楽な関係性を築けていけるはずです。偽りの自分で対応することは、ストレスがかかり非常に苦しくなっていきます。

【原因と心理状態・感情】

前例のないことに戸惑うかもしれません。
頭ごなしに否定されて傷ついています。
孤立する暗示がありそうです。
柔軟性にかけ、自分の首を絞めている状況かもしれません。
立場が上の人に対して、恐怖を感じる時。
環境や生活においてすれ違いが起こっているようです。

【性質・性格】

やや偏屈、無責任で他人任せな人 / 虚栄心から嘘を言う人 / うわべだけで考えが甘いところがある / プレッシャーに弱い、逃げ腰になる

【アドバイス】

見栄を張らず素直になりお詫びをすることは、関係性においてとても大切なことのようです。
自分自身の今までの過去にとらわれずに、新しい感覚をより学んでいきましょう。
世間体にとらわれる必要はありません。建前やおせっかいはしないようにしていきましょう。虚栄心をはらず、丁寧な対応を心がけるといい未来になるようです。相手を大切にしたい気持ちを表現して下さいね。

【皇帝】正位置

力がみなぎっている時のようです。

関係性で考えれば、あなたとその人の関係性は、非常に強い絆が今から生まれていくでしょう。
非常に良い結果を生み出すようです。

あなたのその行動力は、周りから羨望の眼差しで見られています。

自分の存在意義を考えた行動をして下さい。
向上心を持ち相手に礼儀をつくして下さい。
条件のいい未来がやって来るでしょう！

【原因と心理状態・感情】

行動により好結果が得られている状況。
意欲的に困難に立ち向かっている過去や現状がある。
愛されるべきという思い癖がある。自らの力でほしいものを勝ち取る。
責任感やプレッシャーを楽しむゆとりが出てきている。
権力への憧れがあるようです。

【性質・性格】

情熱的な男勝りな人 / 男らしい人 / 厳しい中にも信念がある人 / 行動力はあるが、少しデリカシーにかける人 / 不器用だが、思いは強い人 / バイタリティーあふれる人

【アドバイス】

自分一人だけが行動していくことを、なぜかマイナスに感じてしまってはいませんか。過去を顧みながら、自分の目の前の道筋を見据えた行動をすることがいい未来につながります。
あなたが心に決めた行動をとっていくことで周りを説得することもできます。やみくもに動くのではなく、しっかり考えて行動するほうがよいでしょう。
悩みやピンチは一人で抱え込まず、周囲に相談すべき。
周囲を味方につければ目標達成を目指していけます。

11.Justice 正義

【正義】逆位置

今あなたは過剰な思い込みをしているかもしれません。
厳格なルールに自分自身をがんじがらめにしている
時かもしれません。

人は予想外にルールを破ります。
自分自身が真面目で、正直になりすぎたという風に、
みじめに感じる必要はありません。その真面目さゆえ
に柔軟性が欠けている時かもしれません。

深呼吸をして少し頭を柔らかくし、心を穏やかにする
時間を取りましょう。

【原因と心理状態・感情】

信じられたい、信じたい間で揺れている状況。
妥協しなければいけない。独りよがりで苦しい。
オープンにできない関係性。冗談が通じにくい。
相手への不満が募っている状況。
感情的になりすぎて、妄想が激しくなっているとき。

【性質・性格】

常識を考えない人 / 世間体ばかり気にする人 / 自己都合ばかり優先する
ところがある / 理想が高すぎる人 / 偏見があり秘密を持っている人 / 利
己主義で人を利用する人 / 冷静さがたりないところがある人

【アドバイス】

冷静に答えを出しましょう。独断と偏見で答えを出さないようにして下
さい。
社会的なルールや常識は時としてこころを苦しめていきます。
人として生きていくためには必要なルールなのかもしれません。
ルールが通用しないような人たちに苦しめられているのであれば、距離
をとっていいのです。
間違いないと過信し過ぎるのはトラブルになるようです。

【運命の輪】正位置

自分が望んでいた状況が、今この瞬間に起こっているようです。または近い未来に自分の望む状況が起こっていくでしょう。

自分の今までの行動が、今の現状につながっています。いい状況は止まるのではなく常に変化していきます。いい状態が止まってしまうのではないかと不安にならないようにすることがとても大切な時です。

タイミングやチャンスはたくさん目の前に転がっているものです。

【原因と心理状態・感情】

出会いがある・まさに今出会えた。一目ぼれしている。
本能で相手が気になっている状況。
ラッキーなお知らせが来た、または来る。
誤解が解けて、理解が進む状況。
考えの転換期、視野が広がっている状況。

【性質・性格】

タイミングの合う人 / 空気が読める、気遣いができる人 / 向上心が強く、即答する性質 / 明るい人 / 自由を愛する人 / 人を楽しませるユニークな発想の持ち主

【アドバイス】

ポジティブな状況をずっと楽しみたいと、こころから思えばその状況は守ることができます。
終わりがないのではなく、常に終わりと始まりは繰り返しながらあなたの人生を彩っています。
不安感から慌ててしまう時があるかもしれません。ですが、ポジティブに考えていけば良い状態が巡ってきます。とんとん拍子に物事が動きます。先手を打って行動するといい結果になります。
素直な感情を大切にして表現して下さい。

16. The Tower 塔

【塔】 正位置

今ある関係性も全てを手放すいいタイミングです。
劇的な変化が訪れるでしょう。

自分が思う以上に周りは全く気付いていないのかも
しれませんが、いつか真実があらわになり、自分の足
元から物事が覆される時が起こるかもしれません。注
意をしましょう。目の前にある事の見直しをしてみま
しょう。

自分で危ないなと感じたならばその感覚に従って行
動を取って下さい。

【原因と心理状態・感情】

失意に沈んでいる。周囲と対立している。
解決策が見つからず自暴自棄になる。
避けることができないトラブル。
家族や親近者との別れや離別。突然の別れ、問題が急に浮上した。
周囲の反感を買う態度をしている・またはされた。

【性質・性格】

自分のことがわからない人 / 人を物のように扱う / 他人に厳しすぎる人

【アドバイス】

相手の予想外の答えに戸惑っている時でしょう。
どれだけ考えたとしても、無駄に終わってしまったかのように感じる時
ですが、このマイナス点は必ずプラスに向かうための痛みです。
発想を変えて行く事は勇気が必要ですが、その勇気は後々に素晴らしい
英断であるとわかってくるはずです。
人は傲慢になった時に、足元をすくわれたりすることがあるのかもしれ
ません。
今は計画の練り直しや考え方を構築するいい時なのです。

1. The Magician 魔術師

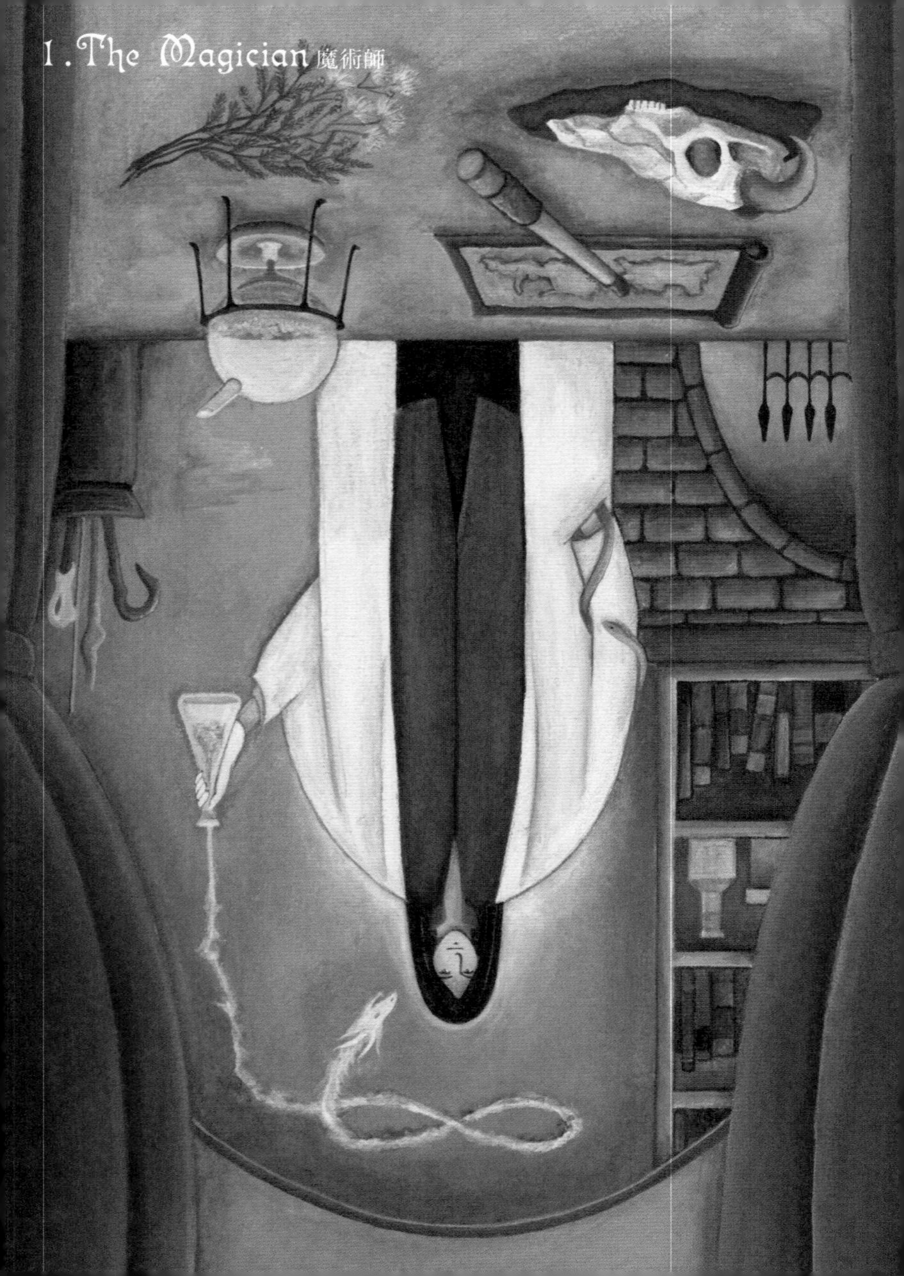

【魔術師】逆位置

今までの関係性が、裏切りや嘘だったのではないかと思うことがあったかもしれません。

自分自身で事実を確認することは、とても大切な作業の一つですが、猜疑心に苛まれて、何も出来なくなるのであればやめましょう。

何もなくなってもまた1から作り出すことはできますし、その作り出す未来に大いなる期待をしていくべきです。人を選んで付き合うことを怖がらないで堂々として下さい。

【原因と心理状態・感情】

未熟で失敗している状況。

ぐずぐずしてチャンスを逃してしまった状況。

調子に乗って自分のできないことを引き受けてしまったり、無理をしている状況。

嘘をついてなんとか事態をおさめようとしているようです。

【性質・性格】

八方美人 / 嘘つきで上辺だけなところがある / 社交辞令が上手 / 快楽主義なところがある / 自分のことがわからない / 感情が薄く反応ができない人 / 何を考えているかわからない人

【アドバイス】

自分自身に本当に必要な人や、本当に必要なものは何であったかを見直していきましょう。

八方美人にイライラしている場合ではありません。

人はあなたのことをあまり快く思っていないかもしれません。

自分の行動や言動を見直してみる必要性があるようです。

見直す必要がないならば、自分が今から気を付けなければならないという、大切なメッセージとして受け取って下さい。

【節制】 正位置

自分の周りの人間が、信用できるか信用できないか
と、疑心暗鬼になる時ではありません。
あなたが今まで築き上げてきた人生は、誰にも否定さ
れることではないことをこころに留めておきましょ
う。

あなたに起こった一つ一つの出来事を丁寧に見直し、
それを宝物として 人生を振り返る時。

周りの人々に対して感謝の気持ちが湧いてくるで
しょう。

【原因と心理状態・感情】

生活環境や会社環境など、外的要因の変化があります。
関係性の構築が良好に進む。安心や完璧を望んでいる状態。
穏やかで、感情の起伏が少ない心理状態。
実際に口にしなくても感謝の気持ちが常にある。

【性質・性格】

安定安全志向の持ち主です。極端な変化を嫌うでしょう / その一方で、
何か変化もしていきたいと野心的な自分がいます / 節度のある人 / いろ
んな意味で大人 / 中性的な人 / オールマイティな人 / 何度も確認しない
と不安になりやすい傾向がある

【アドバイス】

自分の現状を紙に書いて客観的にとらえて考えて下さい。
いつもと変化のない日常に大切な気付きがあるはずです。
心身と行動のバランスを取り無理をしない事もいいようです。

19. The Sun 太陽

【太陽】正位置

幸せや喜びをストレートに感じやすい時です。
自分の地位や名声が上がっている時かもしれません。
素直に喜びを表現しましょう。今チャンスはあるよう
です。自分自身のチャンスを生かすとこころに決めて
行動力を高めましょう。

　恵まれた環境にあるかもしれません。その時は誰かの
何かのおかげでその環境にあるのかもしれません。そ
こに意識を向け感謝をして下さい。

【原因と心理状態・感情】

積極的な行動のおかげでチャンスをつかんでいる状況。
若さがある、困難をしのげる力がある。
やがて来る幸せに期待している状況。
自己信頼と幸福感に包まれている状況。
自分の行動や容姿に自信がある。周りから応援される状況。

【性質・性格】

人情には厚い / 子供じみたところがある人 / 純粋で素直な人 / 人のため
に本気で動くことができる人 / 損得勘定は嫌いな傾向がある / 天真爛漫
/ 天才でカリスマ性がある人 / 笑い上戸で笑顔がかわいい人 / 我慢強く
バイタリティがある人 / 明晰な分析力と思考力を持っている

【アドバイス】

とても幸せになるための道筋が整っています。
このままの関係性を維持していくために、自分の時間の使い方や日程な
ど、約束事のチェックをしてみてください。
あなたは相手にとって陽だまりの存在です。常に明るくいなきゃいけな
いと、自分にプレッシャーを与えるのではなく、考えすぎずに。ただ、
あなたがその場にいるだけで周りは明るくなっているのです。
自分という存在をしっかり大切にしてあげて下さい。
あなたは過不足無くそのままで大丈夫なのです。

13. Thanatos 死神（終焉）タナトス

【死神】逆位置

今マイナスな状況ならば、その状況はようやく終わりを告げます。今まで苦しかった人も解放されるでしょう。

問題を正面からとらえて行った時に必ず好転していきます。

再スタートできます。周りの人にあまり遠慮せずに、自分自身でリセットをかけることを怖がらずにやっていきましょう。

運命のいたずらで起きたチャンスをものにして、ここから巻き返しを！　新たな出会いに期待して下さい。

【原因と心理状態・感情】

真実が見えて来る・見えて来た状況。
自分の本心に気付き行動している。
努力は報われる。復縁が叶う・もうすぐ復縁する。
誤解が解けていく。心が穏やかに、静かに日々を送っている。

【性質・性格】

感情表現が苦手だが、根本的に悪い人間ではない／泣き虫で感情表現が豊か／縁の下の力持ちタイプ／人の役に立ちたい奉仕の精神がある／人には言えない過去を抱えている傾向がある

【アドバイス】

前向きな気持ちになる。過去への執着を手放すとき。
潔く手放すことで本当に価値があるものを手に入れる。
忍耐強く時期を見て、結論は急がないことで立ち直るチャンスが来ます。
関係性の再構築がうまくいく暗示です。答えを急がないことで本物が育ちます。
今までの障害がなくなる時です。人の助けも借り進めていくといいでしょう。
弱気にならず、勇気を持って下さい。

【恋人】逆位置

自分自身の直感が正しいか分からなくなっているかもしれません。怖くて、苦しくて逃げ出したいことが押し寄せてきているようです。

選択をしていくためには、さまざまな情報を知ることは大切なことですが、迷いすぎて答えが出なくなる時は、深呼吸して立ち止まり、自分がおもしろいと感じる方向に舵を切って下さい。

そうすることで周りからの応援ももらえるようです。

【原因と心理状態・感情】

失敗することを極度に恐れています。
決断から逃げています。
こころが定まらず意見が変わりやすい。
浅はかな言動でトラブルに巻き込まれている状況。
浮気や気移りが多く振り回されてしまいがちな状況。
いいかげんな対応をされてしまう過去。

【性質・性格】

優柔不断で決断を他人任せにする傾向 / あきっぽい人 / 悪知恵が働く人 / 浅はかな言動が多く無責任な人 / 裏表がある人 / 幼く考えが甘いところがある / 享楽的な人

【アドバイス】

相手と自分との距離感を適切に保つことが今とても大切なようです。
意志が折れそうになる時は、自分がこの結果を手に入れた先にはどんなことを感じるのか、意識して気持ちを高めてください。
期待していることは、時間がかかり思うような結果になりにくい時です。
不誠実な対応は事態を悪化させてしまいます。「謝罪」は早急に。
自分のこころが定まるまで時機を待つこともいいようです。

【法王】 正位置

自分が望んだ立場に、今いるかもしれません。
それは、周りの人達のおかげであることを忘れずに進んでいきましょう。

部下や後輩、兄弟やさまざまな人間関係において、あなたが発信することは、その人たちの役にも立っていくのです。その人間関係がより永続的で素晴らしいものになるために、寛容な気持ちを育てましょう。

あなたに相談してよかったと周りから感謝されることもあるでしょう。

【原因と心理状態・感情】

信頼関係が良好で、良いアドバイスを得ている状態。
自分のもっている能力や技術を、社会に還元したり、貢献しようと考えている状況。
自分自身の道徳心を大切にしたい気持ちが強い。
尊敬されている状況。

【性質・性格】

知識人 / ルールを重んじる人 / 奉仕の精神がある人 / 落ちついている人 /
勤勉で真面目な人 / 相手のことを思いやって行動する人 / 信頼できる人

【アドバイス】

自分の経験を人に伝えていくことは、人間関係をより豊かにしていけます。
自分よりも目上の方が、威厳をもってあなたにアドバイスをしてくる時かもしれません。そのアドバイスは、今は分からなくても、後々役に立つアドバイスであることも多いので、素直な気持ちになり相手の意見を聞く耳を少し持ちましょう。自分の考えを他人に話すことで、より良い考えにまとまっていくでしょう。
あなたは人の前に立ち、導いていく立場かもしれません。不安にならず自分の道を真摯に信じていくことができれば、きっと幸せな未来が待っています。

【女教皇】逆位置

あなたは今、偏見や嫉妬心で苦しんでいませんか？
神経質にならないようにしましょう。

不明瞭な、未来の状況に対して、怒りが強くなっているかもしれません。自分自身が批判的になっていないか、言動に注意してみましょう。

過度に感情的になるときは、周りからも あまりいいようにはとらえられません。過去にしがみつきすぎないようにして、柔軟な考え方をして下さいね。

Message

【原因と心理状態・感情】

常に緊張感がある状況のようです。
失敗しないか、いつもおびえてしまうところから神経質になっています。
潔癖なところがあり、自分の感情を抑えている状況です。
相手の欠点を許すことができません。
偏見があり、自分と価値観が合わないと攻撃的になります。

【性質・性格】

神経質な人 / 陰湿なところがある人 / 自分に甘く他人に厳しい人 / 知識や教養をほしがり、他人に対して見下すところがある / 計画がうまくいかないとイライラする人

【アドバイス】

小さなことが、気になって仕方ない時かもしれません。
あなたのその繊細な感覚は大切にするべきですが、時としておおらかになってみることでこころが楽になることも知っておきましょう。
何かに献身的に取り組むことで、あなたの誤解をとくことができるようです。情緒不安定になりそうであれば、少し時間を掛けて相手との距離を作って下さい。

12. The Hanged Man つるされた男

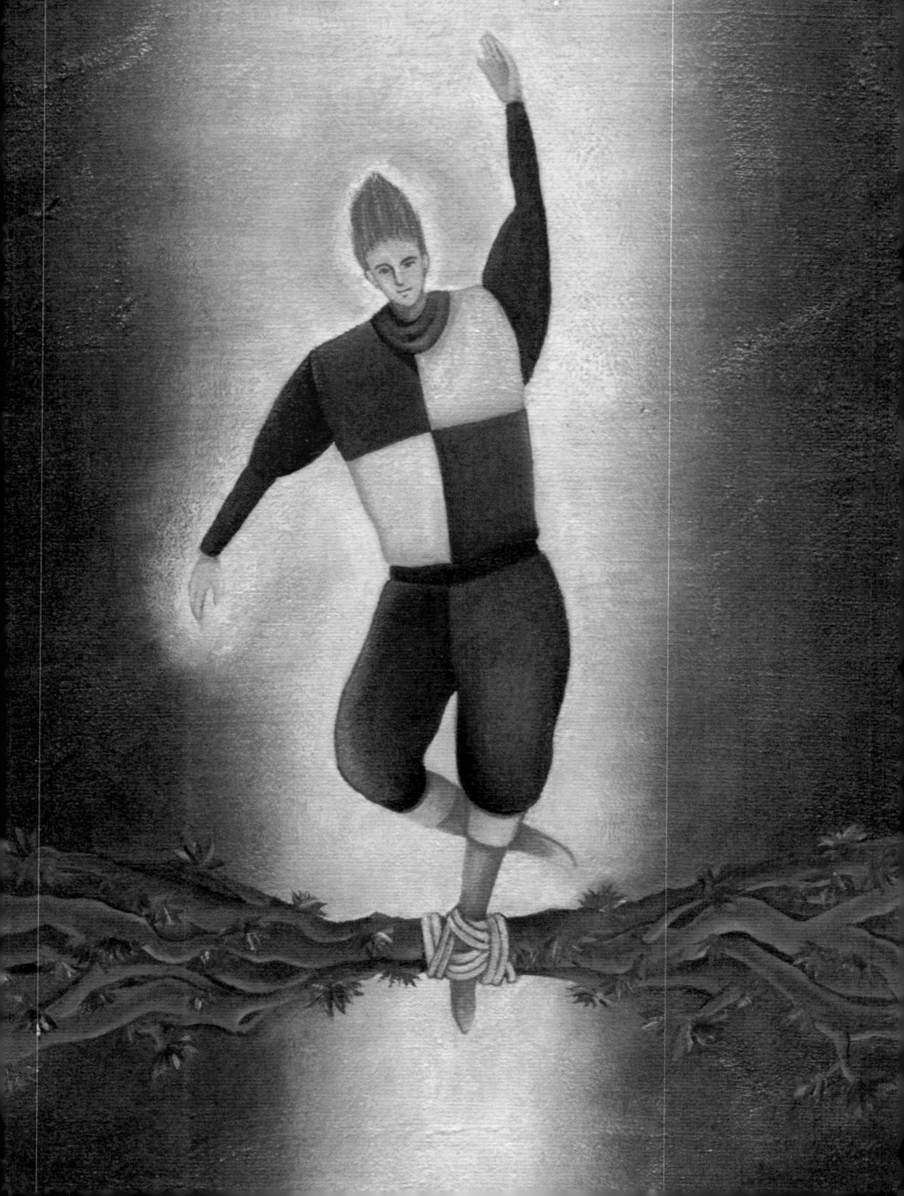

【つるされた男】逆位置

今は時間をかけて状況が好転するまで待ちましょう。

ただしあなた自身がその相手との人間関係で諦めなければという条件付きです。

人とのつながりを意識するあまりに、意思表示ができなくなり動けないのであれば、それはまやかしの関係性です。自分勝手に行動したために不利な立場にいるのであれば、今をじっと耐えてそして足元を見直し作戦を立てていきましょう。

【原因と心理状態・感情】
意地をはって事態が悪化している状況。
奉仕はあまり伝わらない。
他人を無視した行動をした・またはされている状況。
実力不足が表面化している状況。
すぐに目の前のことから逃げてしまう。
犠牲になる、または、なった過去。

【性質・性格】
身勝手な行動が多い人 / 意地が悪い人 / 感情に波があり気移りしやすい人 / 陰湿なところがある / 忍耐力がない人 / すぐ言い訳をしてくる傾向がある / 楽することに目がない傾向 / 自分都合で人を振り回す傾向がある

【アドバイス】
現実逃避しないことが大切です。どれだけ身を尽くしても、希望が見えない時には、人からの意見を取り入れて物事を動かして行きましょう。
他の人の新しい発想から答えが見えてきます。
相手を尊重して忍耐してきたこころを開放してあげるように話すといいでしょう。
ただし集中力が十分ではない時なので、時々理解できているか確認しながら対応するといいようです。

【悪魔】正位置

あなたがいくらもがいても、どれだけ叫ぼうとして
も、届かない願いや、届かない願望があるようです。
それは見直さなくてはいけないというサイン。

願いが執着になっていないかを見直しましょう
依存的な立場や考え方を直しましょう。
「誰かのせいで」を止めるよう努力していきましょう。

自分自身がこのままではいけないと、こころの片隅で
気づいてる時でしょう。

【原因と心理状態・感情】
受け入れがたい現実がある、または、過去にあった。
執着心が強く自暴自棄になりそうな状況。
快楽におぼれ自分に甘い状態。相手にのめりこんでいる状況。
現実逃避して楽なほうへ考える。おかしいと他人から指摘されている。

【性質・性格】
誘惑する人 / わがままで人を振り回す傾向 / 我慢はしない人 / 口うるさ
い人 / 人をたぶらかす / 浮気性で魅力はある人 / 手に入れたい物がある
時はとことん人を利用する人 / 本能のままに生きる人

【アドバイス】
冷静な判断力を失っていませんか？
怠ける心や甘えは誰にでもあります。
変わりたいのに変われないと口癖が出るかもしれません。
ここからは強い意志力が大切です。
強い意志というのは皆さん持っています。
その強い意志が続かないばかりに、自分自身を責めて楽なほうに逃げて
しまう時もあります。
そういった時ほど抜け出す方法というのは自分自身が一番わかっている
ときなのです。
その自覚を是非大切にしてください。あなたは変われます。

18. The Moon 月

【月】正位置

自分でモヤモヤと考えすぎるのはよくありません。

自分で作り上げてきたものがゼロになってしまうかもしれないという、妄想的な不安がもしあるとするならば、まさに今その妄想を捨てて行き、新しいものを作っていく準備をしていきましょう。

自分の可能性を自分で信用できない時かもしれません。ですが、こころの奥深いところでは既に解決方法を知っています。
心静かに待ちましょう。

Message

【原因と心理状態・感情】

自分の考えがまとまらない。相手が何を考えているのかわからない。悩みが大きくなり出口が見えない。不安が現実化してしまった状況。あいまいな状態を取られている状況。隠し事や秘め事がある状況。

【性質・性格】

何を考えているのかわからない人 / 人とは違う視点でものを言う、または、発見する傾向 / 少し根暗な人 / オタクな人 / 妄想や不安感を煽る人 / 影響されやすい人

【アドバイス】

一抹の不安を自分で煽りすぎないようにして、過去を認め、自尊心を育むといい時です。
そこはかとない不安が、突如として襲ってきたとしても、今ある関係性はそうすぐには壊れないのです。
自分の気持ちに折り合いがつかないとふさぎこまないで下さい。
心が変化する時期です。あせらないで自分を見つめて、感情の整頓をしましょう。
人を頼り過ぎず自分で答えを出す、考える力を持ちましょう。
満月が持つ達成するパワーがあなたに力を与えてくれるはずです。

19.The Sun 太陽

【太陽】逆位置

激しい感情をぶつけられて悲しんでいる時かもしれません。ですが、この激しい感情をぶつけられて黙っているわけにはいかない時なのかもしれません。

自分の意思表示をすることが時として人生を守りそして未来を切り開いていきます。

素直に感情を出し、泣いてしまってもいいのです。あなたはきっとその感情を味わうことで、より良いものにたどり着くはずです。

Message

【原因と心理状態・感情】
忙しすぎて考えるゆとりがない状況。
楽観的すぎて問題が解決していない状況。
浅はかな考え方で相手を傷つけている・または傷ついた過去。
自分の能力の過信から信用を失う。感情が冷めている状況。
将来の展望が見えない状況。

【性質・性格】
身勝手な行動が多い傾向 / 意地が悪い人 / 虚栄心が強くわがままな人 /
礼儀がなく非常識な人 / 人を小馬鹿にする人 / 自制心に欠ける傾向 / 熱
狂的な快楽主義者

【アドバイス】
自分の過去の行いを悔いるのではなく今ここから変わる！ と宣言していきましょう。
もし人との関係でタイミングや時間がないのならば、その時間を作ることは大切です。
素直な感情表現があなたにとってプラスになります。
人間関係において、挨拶をすることはとても基本的なマナーです。その
挨拶を大切にしながら一つのコミュニケーションに怯えずに。
そして自分の中の陽だまりを大切にして下さい。あなたが笑顔で挨拶すると、相手は愛を持って返してくれます。

17.The Star 星

【星】逆位置

今は悲しい時かもしれません。

自分自身が悲劇のヒロインのように感じ、誰からも助けがもらえないと感じるかもしれません。

ですが、現実的にとらえてみるとそれは大した問題ではないかもしれません。

今までの経験だけではなく、今ここから「アドバイスもたくさんもらいながら、周りの人と楽しく生きる事を手に入れていく」と心に決めましょう。

あなたにはその選択をする力は備わっています。

【原因と心理状態・感情】

周りに流されてしまう。強情な態度をして反感を買っている。
被害妄想が強くなる状況。悲観的に物事を捉えている状況。
自分の道を見失い現実逃避している。

【性質・性格】

やや偏屈なところがある / 他人任せで責任感がない人 / うわべだけで考えが甘い傾向 / 現実が見えない享楽的な人 / 心配性なところがある / 理想が高すぎる傾向がある / 友人から反感を買いやすい人

【アドバイス】

謙虚さを忘れずに行動してください。見識を広げることで、感情に流されない自分を作ることを少しずつ始めましょう。自分だけの価値観を作っていきましょう。

過去をいつまでも引きずらないために未来に向けて知識を身に付けていきましょう。

今の関係性に悲しくて涙が止まらない時かもしれません。

時間があなたを癒してくれます。

そして時間が過ぎていくと共に、目の前にある現実的なことに、少しずつ目を向ける努力をしてみてください。

この悲しみはずっと続くわけではありません。

【審判】逆位置

気持ちが通じず、悲しくなるでしょう。分かり合いたいと思うなら、今は動く時ではありません。一線を引き距離を作り、タイミングを待ちましょう

自分が言いくるめられないように反応する力を持ちましょう。
思い付きでの行動は後々後悔しそうです。そのためには状況証拠を集め作戦を立てることです。

恐れや疑念から身動きできないようです。

【原因と心理状態・感情】
期待外れで元気がでない。騙されてしまった過去。
後悔や無念が強い状態。予期せぬトラブルがあった。
考えが甘く時間がかかりイライラしている状況。
他人の親切に気がつかない過去。空気がよめず、孤立してしまう。

【性質・性格】
誤った判断をしても、自分からは謝らない傾向のある人 / 言葉を濁す人 / 視野が狭いく自己中心的な人 / 頑固でわがままなところがある人

【アドバイス】
同じ過ちを繰り返さないようにしましょう。
思い出にすがりつかないようにして下さい。
状況はあまりよくないですが、今後を見据えて行動することで信用をとりもどし、事態はいい方向へ変化していくでしょう。
周囲の人からの支援を素直に受け入れることを大切にして下さい。
自分本位に動かないで周りの協力をもらって進めていくといいでしょう。
あなたは今までの経験からどのような答えを出せばいいかしっかりと分かっています。
自分のこころの声に目を背けずに出してください。
その答えは最適で最高の結果を生み出します。

【正義】正位置

自分の中の小さなルールを大切にしながら、自分自身を守るために、一つ一つ行動していくと良い時です。

世の中の常識は常に変化していきます。中立であることは自分自身を守ることにもつながるということを知っていて下さい。自分が作り上げた秩序ややり方は、守ることでより良いものになっていくでしょう。

自分自身の中の正義を少しずつ育てることを大切にして下さい。

Message

【原因と心理状態・感情】
相性がいい状態。
礼儀をわきまえた態度をしている・されている。
価値観を受け入れている状態。
自分が楽しんでいけるルールがある・または作ろうとしている。
中立な立場で物事を考えている。

【性質・性格】
誠実な人 / 中立的な立場で敵は作らない人 / 守ることへのこだわりがあり目立つことは避ける傾向がある / 常識人 / 規則やルールを守る / 冒険心はない傾向 / 冗談が通じない人 / 信頼できる真面目な人 / 昔は苦労人

【アドバイス】
常に周りを見渡しながら試行錯誤して改善をしていくことはいい結果になるでしょう。
答えは「YES」。相手からの態度に、誠意をもって答えてください。
自分達だけのルールを作りましょう。そうすることで共通項が生まれ仲良くなっていけるようです。
思い込みにとらわれずに柔軟な考えを持つ癖をつけましょう。
あなたは人に対して指摘をすることができます。まじめな話が響きます。
そのアドバイスは周りから受け入れられ、感謝されるでしょう。

【女帝】逆位置

どうして自分の思い通りにならないのだろうかと、悲しく、激しい感情が、あなたの心を揺さぶっている時かもしれません。

ですが、この悲しい、激しい感情は一時的なものです。

関係性の中で邪魔になるのは、嫉妬だったり、妬みかもしれません。

今あなたの中でお相手の方に対して、そういったマイナスの感情があるならば、相手の方もあなたに対して同じように感じている可能性もあるのです。

【原因と心理状態・感情】

自己主張が強すぎる。
誤った選択をしている状況。
わがままで身勝手な行動から敵を作っている。
丁寧さに欠け、配慮ができない状況。
無神経なところがある。

【性質・性格】

人を振り回す人 / 我慢しない人 / 口うるさいし、気まぐれな人 / 自分の色気を使って人をたぶらかす人 / 陰湿な行動をとり人を妬む人 / 自分で責任を取りたくないため、他人にすべてを押し付けてしまうところがある

【アドバイス】

自己中心的になっていないか見直し、自分自身の事を客観的に見直していきましょう。自分だけが悪いのではなく、さまざまな要因で、今その状態になってるのかもしれません。大変な状況ならば助けを外に求めていいのです。行動していないのに自分にできないと、あまり我慢するのは、やめましょう。関係性を構築していくために、自分自身のマイナス点を、相手にも見せているという考えを持っていきましょう。そうすることで、お互いを許すことになり、プラスに発展するキーポイントになります。

【世界】逆位置

自分の身の回りの全ての人間が信用できないと不信感を感じてしまう時です。猜疑心を持つ時というのは、自分自身に対しても疑問点を持っている時なのです。

自分勝手に動き出すのではなく、周りと歩調を合わせて物事を進め、関係性を作り直していくと良いでしょう。

人との関係は常に自己研鑽です。自分の中にもっといい情報、知識は吸収できると信じて下さい。

【原因と心理状態・感情】

閉塞感が自分を取り巻いている。神経質で疑心暗鬼状態のようです。
欠点が目につき、イライラしている。
自分以外の人間を信用できない状況。
何か大事な出来事が控えていて、不安で仕方ない状況のようです。
承認要求が強く、「認められない」と傷付いている状態。

【性質・性格】

計画がうまくいかないとイライラする性質 / 利己主義で人の足元を見る傾向がある / 表現することが苦手で、口下手な人 / 自分だけの殻に閉じこもる性質 / 嫉妬深く周囲の評価が気になる人

【アドバイス】

現状に伸び悩んでいるのであれば、周りの意見をしっかり取り入れて、マンネリを脱却していきましょう。
中途半端にならないように気をつけて、しっかりと物事を最後まで見通す力が必要です。
時間をかけましょう。支離滅裂にならないように、理論的に組み立てて話すと、あなたの伝えたいことが伝わり、誤解が解決できるでしょう。
ひとりよがりはマイナスです。アドバイスを心静かに受け入れるいい時です。

9. The Hermit 隠者

【隠者】正位置

今までコツコツと貯めてきた純粋な思いはきっと叶うでしょう。精神的に解放されていきたい気持ちがあるかもしれません。

寛大さや忍耐というところを学んできた時かもしれません。自分のことを癒す時間も取る必要性があるようです。

周りの人があなたをとても頼りにしてくるかもしれないですね。その時は自分も甘えていいのだと許してみましょう。

【原因と心理状態・感情】

落ち着いた大人の関係。愛情が深く尊敬されている状態。
お互いに尊重できている。静かな思いを長年温めてきている。
片思いをしている。自分の感情を外に出すのは得意ではない。

【性質・性格】

判断力があり真面目な性格 / ゆっくりマイペースでこつこつ物事をやり遂げる人 / 勤勉で教養に関することは時間を忘れて没頭する人 / 一人の時間を大事にする人 / 落ち着いている人 / 大人びた発言が多い年長者

【アドバイス】

自分一人の世界は心地よく誰にも邪魔されない素晴らしい世界ですが、自分と他人との距離感を怖がらずに少しずつ相手と距離を近づけていく努力をしていきましょう。
あなたのことは皆が知りたがっています。
自分ばかりが深く考えすぎているのかもしれないと、小さなことにくよくよしていたかもしれません。
あなたの考え方や思考、他人に対してあなたから発する言葉を、人はありがたい言葉として受け取ってくれるでしょう。
精神的な結びつきが強いと感じるならば、あせらずじっくりと関係性を育むとよいでしょう。

【恋人】正位置

好奇心が大きく育っています。目の前にある事柄で楽しみがあるかもしれませんね。

今あなたと一緒に行動している人は、自分にとって合う人かもしれません。自分にとってマイナスな人間が多いと感じるのであれば、勝手に相手は離れていくので気に留めないようにしていて下さい。

我が道を行くことを大切にして下さい。選択権はあなたが持っています！

【原因と心理状態・感情】

たくさんの誘惑があり決断するか迷っています。
好意を持ちなんとか関係性を作りたいと強く願っています。
感性が合い、話が盛り上がり、楽しい時間があった過去からひかれあう状況のようです。
気分は春のように心が踊り、未来に期待しています。

【性質・性格】

人懐っこい人 / やさしいく明るい人 / 警戒心がない人 / 人見知りはしない / 流されやすく情にもろいところがある / 話が上手で退屈しない人

【アドバイス】

人に対してこういった感じがすると思った直感は大切にしてその感覚に従うといい時です。
相手がどのように今感じているのか、感情の確認をすることを怖がらないでください。
ゲームをするような感覚で、楽しくさまざまな人と関わることもいいでしょう。
あなたが考えていることは実現する方向に行くでしょう。
人の評価に怯えず進んでください。
仲の良い友人に助けをお願いすることもいいでしょう。

0. The Fool 愚者

【愚者】逆位置

あなたに必要なのは大胆な行動力かもしれません。
行動を取るためには恐怖に打ち勝たなくてはいけません。自信のなさや気まぐれな態度は、目の前の現実に投影されています。なんとかなるという言い訳をしないことが今は大切です。

自分の行動を見直しましょう。
相手との距離感を大切にして下さい。
自分には能力がないと言い訳をしないようにして、少しずつ学びを深めていくといいでしょう。

【原因と心理状態・感情】

あの人はあんなにいい思いをしているのに、私はどうしてこんな思いをするのだろうか、という状況になっているかもしれません。
予測不能な状態でイライラしているようです。
引きこもり何を考えているかわからない状態です。
自分で考えられるヒントが欲しい状態。
自分という人物が分からない状態。
惰性的ですべてにおいてやる気が起こらない状態。

【性質・性格】

他力本願で責任は取りたくない人 / 気移りしやすい性格 / 無謀な思い付きをしてしまう / 自己中心的なところがあります / 信用はできない人

【アドバイス】

口先だけで物事を判断しないようにしてください。
人から忠告を受けたのなら、足元を見直さないと後悔することになりそうです。自意識過剰になりすぎないように、冷静な視点がいい方向へ導きます。
あなたは、本来人をあっと言わせる行動をすることができる人です。もし、無謀すぎることに挑もうとしているならば、作戦の練り直しが必要です。

8. Strength 力

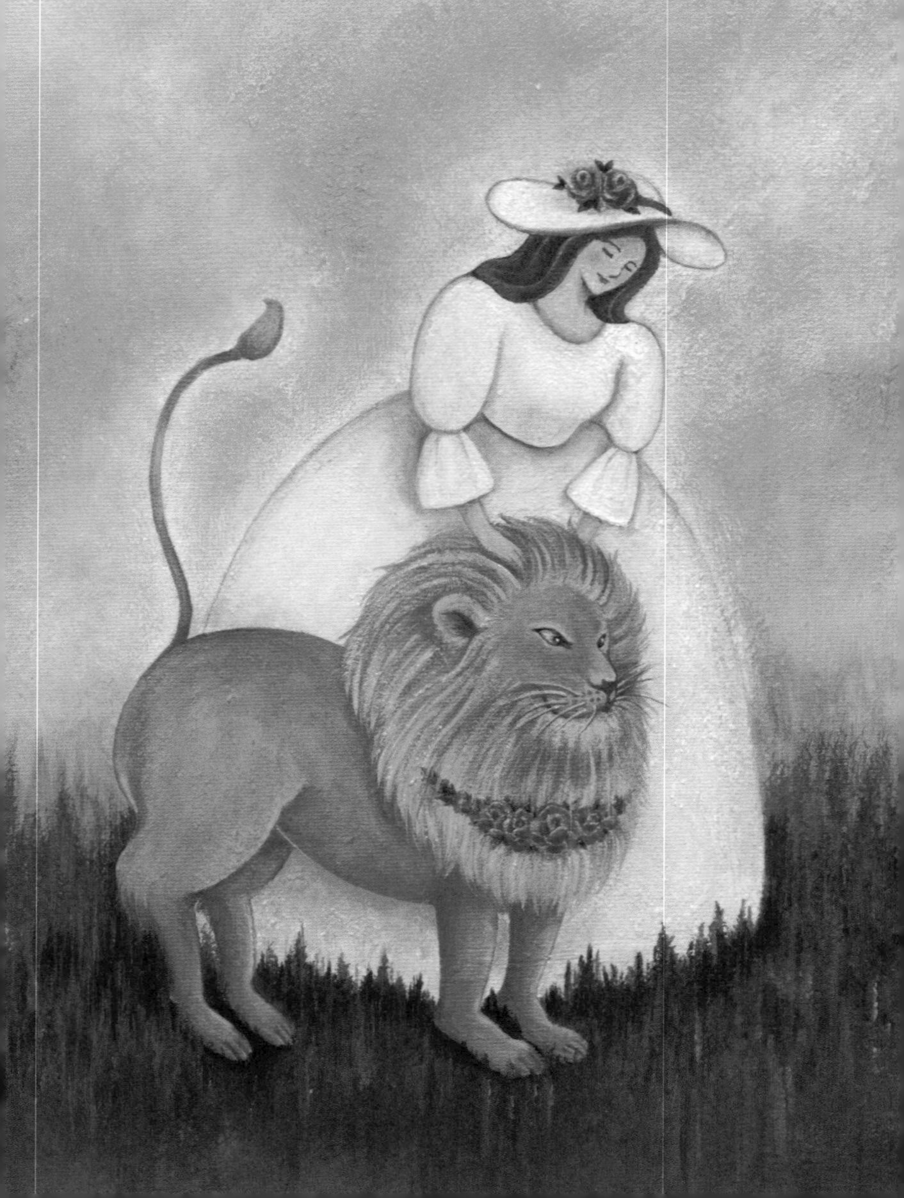

【力】正位置

根気強く向き合ってきた事は実現します。

絆は力強く結ばれています。その絆を信用していきましょう。そして相手にも言葉を使って確認をしてあげて下さい。

自分自身も相手も幸せになっていくというイメージを崩さないようにしていきましょう。

思慮深い考え方はあなたがとても誇るべきことです。自分自身の葛藤を人に言えずに、ただひたすらに忍耐をしてきたかもしれません。

【原因と心理状態・感情】

感情はあまり外に出さないが内側には強い思いを秘めています。
他への慈しみと愛情が深い状態。
運命に翻弄されない意志を強く持ちたい願望。
忍耐力があり自制心が働いています。
環境を乗り越えて気持ちが通じ合う状態。

【性質・性格】

努力家で辛抱強い人 / あきらめない意志の強さがある人 / 活力あふれる人 / 義理堅いところがある人 / バイタリティーがある人 / わがままな一面があり感情をコントロールできなくなる時がある

【アドバイス】

自分の感情をコントロールできないと苦しいかもしれません。
他人はあなたがそこまで苦しんでることに気付いてません。
感覚の麻痺にならないように対策を。
自分自身の苦しみをなるべく外に言葉にして出し、他人に相談しながら進めてみて下さい。
今の状況が、ようやくなんとかなってきたと自覚している時かもしれません。長期戦にはなりますが結果はいいようです。勇気を奮い起こして下さい。

【女教皇】 正位置

1人の時間を大切にしてゆっくり自分のこころの声を聞きましょう。
自分の感性を丁寧に育てながら人との付き合い方を見直していきましょう。

真面目なあなたは他人に対して考えすぎてしまう時があったかもしれません。
新しい感覚を取り入れていく事を大切にして下さい。

自分自身の感性が今とても磨かれている時です。
人に対してとても優しくアドバイスができます。

【原因と心理状態・感情】

相手の行動を、一つ一つ細かく神経質に見てしまっている時のようです。
話のそりが合わなくて苦しいことがあるようです。
ルールを守り自分が安全であるか常に確認をしています。
精神的なつながりを感じ、安心しています。

【性質・性格】

几帳面な、落ち着きがある人 / 細かいことにこだわる性質 / 合理的な考えがあり、冷たい人と思われがち / 慈愛の精神がある人 / 感情表現が少し苦手 / 知性的で上品な人 / 目立たないが教養がある人

【アドバイス】

あなたは繊細な感性を持っています。見るもの聞くもの、すべてが自分の栄養になると信じ、様々な視野を広げてみると良いでしょう。
自己表現が大切です。あなたが考えていることを相手に伝えることを、言葉が足りなくても、怖がらずに、少しでもいいので伝えてくださいね。
丁寧な行動は必ずプラスになっていくでしょう。
あなたの周りの人達は味方も多いはずです。

本書を使っていただきありがとうございます。
問題解決のひとつの参考として本書が役立ち、思いもよらない閃きや気づきが訪れたことと思います。通常であれば「お読みくださりありがとうございます」と言うところを「使う」という言葉になるのが、この本の魅力でもあります。

私は10代の終わりに本格的な占いと出会いました。
最初に受けた占いがたまたまタロット占いで「こんなにたくさん答えをくれるなんて!!」と、結果よりも「答えをたくさんもらえた」ことに感動したのを覚えています。「占いが自分でできたら最高！」と考え、「もっと効果的に目的を達成するには、どんな方法がいいのかな？」と試行錯誤しながら今に至ります。

本書は「占い」を「怪しい変なもの」ではなく、より身近に感じてもらい、自分自身で使い、納得してもらえるように作りました。時間もかからず、一瞬で心のモヤモヤが緩和し、楽しみながら、他人とのコミュニケーションが図れるように作ってあります。

たとえ今、あなたが地獄のような状況にいても、必ず這い上がることができると私は信じています。私自身、最悪の状況でも「占いがすべてではない」ことを常に頭に入れながらも、「占い」をこころの拠り所にしつつ生きてきました。未来はどのようにも作ることができると信じています。そのためには「自分の中の答え」を「育成」することを大切にしてください。その答えの参考書的役割を本書は目指しています。

素直なこころでメッセージを読んだ時、あなたのこころの中に「何か気になる言葉」が見つかれば幸いです。あなたの人間関係が癒され、人生が穏やかであるよう祈念しております。

最後に、本書の制作にあたって、新しくも懐かしい素晴らしいタロットカードを作画してくださった画家Aki Takahashiさん、Clover出版の皆様、いつも破天荒な私についてきてくださるお弟子さん達、占いサロンマトリカのお客様、支えてくださるすべての皆様方に、この場をお借りして厚く御礼申し上げます。

占いサロンマトリカ
野田侑李